# CRESCENDO COM CRIANÇAS

Jornadas notáveis de profissionais da saúde infantil

Coordenação editorial:
Nathália Malagone

# CRESCENDO COM CRIANÇAS

Jornadas notáveis de profissionais da saúde infantil

Literare Books
INTERNATIONAL
BRASIL • EUROPA • USA • JAPÃO

**PRESIDENTE DO CONSELHO**
Maurício Sita

**PRESIDENTE**
Alessandra Ksenhuck

**VICE-PRESIDENTES**
Cláudia Pires e Julyana Rosa

**DIRETORA DE PROJETOS**
Gleide Santos

**CONSULTORA DE PROJETOS**
Daiane Almeida

**EDITOR**
Anselmo Vasconcelos

**ASSISTENTES EDITORIAIS**
Emerson Xavier e Júlia Almeida

**REVISORES**
Daniela Braz e Letícia Pataquine

**CAPA**
Gabriel Uchima

**DESIGN EDITORIAL E DIAGRAMAÇÃO**
Ana Paula Nunes Medeiros

**IMPRESSÃO**
Printi

**Dados Internacionais de Catalogação na Publicação (CIP)**
**(Câmara Brasileira do Livro, SP, Brasil)**

Crescendo com crianças : jornadas notáveis de profissionais da saúde infantil / coordenação editorial Nathália Malagone. -- São Paulo : Literare Books International, 2025.

Vários autores.
ISBN 978-85-9455-385-0

1. Crianças - Desenvolvimento 2. Profissionais da saúde - Formação 3. Psicologia infantil I. Malagone, Nathália.

25-260472 CDD-155.916

**Índices para catálogo sistemático:**

1. Desenvolvimento infantil : Psicologia da saúde 155.916

Eliete Marques da Silva - Bibliotecária - CRB-8/9380

**LITERARE BOOKS INTERNATIONAL LTDA.**

Alameda dos Guatás, 102
Vila da Saúde – São Paulo, SP. CEP 04053-040
+55 11 2659-0968 | www.literarebooks.com.br
contato@literarebooks.com.br

MISTO
Papel | Apoiando o manejo florestal responsável
FSC® C196274

# SUMÁRIO

# PREFÁCIO

É uma honra trazer palavras de introdução a esta obra, que, sem dúvidas, inspirará muitas trajetórias profissionais e vivências pessoais. *Crescendo com crianças* nos convida a uma jornada emocionante pelo fascinante universo do desenvolvimento infantil – um processo que transcende a própria criança, conectando-nos a algo ainda maior: a compreensão de que o aprendizado e o crescimento são vias de mão dupla – enquanto ensinamos, também aprendemos.

Assim como acredito ser a experiência de muitos dos autores deste livro, minha trajetória profissional, inevitavelmente, começou pela minha paixão por crianças. No meu caso, foi inspirada diretamente pelo meu pai, um grande pediatra, que me levava por diversas vezes ao seu consultório, deixando marcas profundas em minhas escolhas e condutas profissionais. A combinação entre o amor pelas crianças e meu fascínio pelo cérebro humano me guiou à neuropediatria, área na qual tenho o privilégio de acompanhar de perto o neurodesenvolvimento, reconhecendo todo o seu potencial e sua importância.

Para além da paixão por crianças, o que certamente conecta os organizadores e autores desta obra é a compreensão sobre o poder transformador de olhar para a infância com plena atenção, plantando sementes que podem mudar realidades, restaurar e fortalecer dinâmicas familiares e deixar marcas que perduram por toda a vida.

Afinal, o desenvolvimento infantil é uma dança delicada entre biologia, no sentido de fatores genéticos e neurológicos, e experiência – um equilíbrio dinâmico entre o que herdamos geneticamente e o que construímos por meio de interações e vivências.

É nesse contexto que a neuroplasticidade – a capacidade do cérebro de se reorganizar e se adaptar – desponta como um dos aspectos mais fascinantes do desenvolvimento infantil. A cada segundo, cerca de um milhão de novas conexões são formadas no cérebro de crianças pequenas. Essas conexões são profundamente influenciadas pelo ambiente: experiências positivas, como interações afetivas, brincadeiras criativas e estímulos enriquecedores, criam bases neurais robustas. Em contrapartida, vivências negativas, como traumas ou desnutrição, podem comprometer esse progresso.

Assim, torna-se evidente que o desenvolvimento infantil é tanto uma oportunidade quanto uma responsabilidade. Cada interação, cada momento de cuidado e afeto, deixa marcas que moldam não apenas o presente, mas também o futuro.

Como bem ilustrado em *Crescendo com crianças*, olhar para a infância com atenção e sensibilidade engloba também enxergar a família, compreender suas dinâmicas e reconhecer que o crescimento de uma criança é inseparável das experiências de quem a cerca. O livro destaca também a importância do vínculo afetivo como alicerce para um desenvolvimento saudável, e exalta que construir conexões com crianças em todos os contextos – familiares, terapêuticos, educacionais – exige disponibilidade, empatia e compreensão.

*Crescendo com crianças* é uma celebração da infância e de suas infinitas possibilidades. É um registro de vidas diretamente impactadas em vias de mão dupla – enquanto se ensina uma criança, inevitavelmente se aprende.

Com isso em mente, ao folhear estas páginas, permita-se sentir, refletir e, acima de tudo, aprender. Porque, como bem nos ensinam as crianças, o desenvolvimento é um processo contínuo e compartilhado. Que possamos todos, adultos e crianças, seguir aprendendo e crescendo juntos, ao longo de toda a vida.

**Dra. Deborah Kerches**

***Neurologista da Infância e Adolescência, especialista em Transtorno do Espectro Autista (TEA) e Mestra em Análise do Comportamento (PUC-SP)***

# CAPÍTULO 01

## Eu cresci com as crianças

A história com a Psicologia vai muito além da graduação. Muitas jornadas me motivaram a hoje poder ajudar bebês, crianças, adolescentes e profissionais da área a desenvolverem seus potenciais. Liderar uma clínica e empreender vai muito além do que vivemos na faculdade, as pequenas decisões fazem toda a diferença na trajetória da vida.

Nathália Malagone

## NATHÁLIA MALAGONE

Psicóloga e psicopedagoga formada pela Universidade São Judas Tadeu. Especialização em Neuropsicologia pelo Hospital das Clínicas da Faculdade de Medicina da USP. Formação Avançada Internacional ESDM (Modelo Denver de Intervenção Precoce). Proprietária e coordenadora do Núcleo Infantil – Nathália Malagone, que possui atendimentos destinados a crianças e adolescentes com autismo; TDAH; ansiedade; medos; inseguranças; altas habilidades (AH/SD); reabilitação; educação, utilizando as diretrizes da análise cognitivo--comportamental e da Análise do Comportamento Aplicada (ABA). Mentora, supervisora e professora de profissionais da área da psicologia infantojuvenil que buscam ampliar seus atendimentos e suas capacidades na trajetória profissional.

**Contatos:** www.nucleoinfantil.com.br
contato@nucleoinfantil.com.br
Instagram: @nathaliamalagone

Minha história com a psicologia infantil iniciou muito antes da graduação. Hoje percebo, principalmente com a minha própria psicoterapia, o quanto tinha uma minipsicóloga dentro de mim, tentando entender o mundo e se entender de alguma maneira.

Desde pequena, tive algumas dificuldades comportamentais e escolares, demorava para aprender, precisava repetir várias vezes até fixar o conteúdo, me perdia durante a explicação. Minha mãe costumava dizer "Voa, passarinho" nesses momentos em que eu estava longe, desconectada, mas meus pais sempre foram exigentes em relação aos meus potenciais, e agradeço imensamente a eles por isso, pois se eles não tivessem "pegado no meu pé" durante os anos de estudo. Se não tivessem me ajudado a criar métodos de estudos, hoje não seria essa profissional que eu sou – independentemente do meu diagnóstico, que é assunto para mais tarde neste capítulo.

Estava no ensino médio, por volta dos 16/17 anos, e todos escolhendo seu futuro, a tão sonhada faculdade, eu não sabia o que gostaria de SER, mas sabia que queria ESTUDAR algo que pudesse me transformar e transformar as pessoas à minha volta. Eu gostava de História, Geografia, Filosofia, Ciências e Física, gostava de cuidar, de ajudar, então teria que ser uma faculdade da saúde. Meus pais imprimiram as grades curriculares de algumas profissões para que eu pudesse olhar e entender o que eu veria em cada uma delas. Fisioterapia, Direito, Terapia Ocupacional, até que vi Psicologia… UAU!

Os primeiros dias de aula foram superempolgantes, mas já definiram também minha trajetória. Tinha uma colega de sala que apresentava algumas características de possível deficiência intelectual. Essa colega foi discriminada por alguns, inclusive por professores, que talvez não tiveram a sensibilidade de perceber que a menina precisava de um suporte melhor. Em uma das aulas, ela levantou a mão e disse algo, eu não me lembro o que foi, mas quase todos começaram a rir dela. Eu sempre tive um espírito justiceiro e nunca tive medo de falar o que pensava, então levantei no meio da sala, em torno de 80 alunos, e falei o quanto a turma estava sendo discriminatória. Todos pararam para pensar e o clima ficou sério. Após a aula, alguns alunos que também não concordavam com a postura dos demais vieram falar comigo, e um deles era o Uriel, meu amigo e parceiro até hoje. Ele disse uma frase mais ou menos assim: "Caramba, obrigado por ter falado, eu queria falar isso já faz tempo, mas não tinha coragem". Então, viramos amigos.

Tempos passaram e estávamos no segundo ano da graduação. Como eu disse por aqui, meus pais sempre incentivaram meus estudos de uma forma bem séria, principalmente meu pai, que dizia que eu teria apenas que estudar e me dedicar integralmente, mesmo que para ele seria um esforço com várias renúncias para pagar minha faculdade sem nenhuma outra ajuda… E eu sei do meu local de privilégio também, financeiro e familiar. Poucas pessoas possuem essa condição, minha família não é rica, meu pai passou por muitas situações de extrema necessidade durante a sua vida, mas minha avó, que nunca havia estudado em uma escola, também fazia questão dos estudos para seus filhos. Meu pai herdou disso dela, batalhou muito para que pudesse dar uma vida melhor para nós, para então poder dizer que eu deveria apenas me dedicar aos estudos.

Porém, vi meus colegas fazendo entrevistas de emprego, começando a estagiar e eu sabia que não poderia deixar isso de lado – eu precisava entrar no mercado, precisava identificar o que a psicologia era por fora do ambiente universitário. Todo estudante de Psicologia, quando procura um estágio, vai para o RH. Eu também comecei por esse lado e fui para muitas entrevistas, em vários lugares diferentes. São Paulo é enorme, assunto do qual eu posso dizer que fui para todas as pontas da cidade. Até que conheci a Associação de Amigos do Autista (AMA), e eu nunca tinha ouvido falar, mas pesquisei muito sobre toda a instituição, comecei a estudar sobre o tema e me apaixonei. Meus olhos brilharam.

Na época, para entrar como estagiário, além de fazer o curso preparatório deles, você tinha que passar nas provas teóricas e práticas, então me matriculei e fui me aprofundar. Foram dias incríveis e de muito aprendizado. Fiquei ansiosa para iniciar e, depois de alguns dias, me ligaram.

A AMA foi uma escola para minha carreira, na qual me deparei com diversas questões de crianças, jovens e adultos autistas. Eu amava meu trabalho, fui muito feliz e muito grata a todos os colegas e professores que me ensinaram, para que eu pudesse ensinar também.

Depois de quase dois anos de AMA, queria muito ser efetivada e transferida para a Unidade Pinel, dentro do Hospital Psiquiátrico, mas não consegui. Fiquei muito chateada e magoada, mas minha supervisora abriu meu olhar e disse que existiam outras oportunidades de crescimento também, então me matriculei em um curso de Acompanhante Terapêutico (AT), outra novidade no mercado naquele momento. Hoje existem muitos ATs, mas, na época, poucas famílias tinham esse acesso. Por ser muito comunicativa, fiz amizade durante o curso e peguei o contato de um supervisor de ATs. Não pensei duas vezes e mandei uma mensagem. Logo depois, ele me respondeu e disse que tinha uma oportunidade, e foi ali que entrei no mundo do AT.

Durante o processo de AT, cuidei de várias crianças e famílias, ia às casas fazer intervenção de crianças autistas e à escola facilitar a inclusão e o processo de generalização. Esse profissional atua na escola, e me encantei com o universo infantil, com as crianças, com o quanto elas aprendem rápido, com o quanto são puras e felizes, com o quanto pequenos atos mudam a trajetória de suas vidas, e já sabia que seria psicóloga infantil, eu me via nelas, me identificava com elas.

Nesse meio-tempo, conheci meu marido na faculdade, no trote que fazíamos com os alunos do primeiro ano. Começamos a namorar e ele foi outro grande incentivador.

Como comentei por aqui, sempre tive algumas qualidades que me favoreceram, como ser expressiva, comunicativa, espontânea e extrovertida. Essas características, que muitas vezes foram criticadas por professores e colegas, favoreceram a minha ampliação profissional, fiz muitas amizades, com escolas, profissionais de diversas áreas, como médicos, fisioterapeutas, terapeutas ocupacionais, fonoaudiólogos e psicólogos, ampliando meus contatos durante todos esses anos de graduação e profissão.

Hoje vejo os profissionais que se formam mais preocupados em ter currículo do que construir uma carreira sólida, fazer contatos e dar o seu melhor. Quando me formei, por ter tirado uma ótima nota do Enade, a universidade me concedeu 70% de desconto em uma pós-graduação. Então, pensando nos meus pacientes, muitos dos quais eram de inclusão escolar, decidi fazer Psicopedagogia. Nesse primeiro ano de formada, além da pós, me dediquei a aumentar meus pacientes e conseguir atender mais demandas de consultório e, a partir dos meus contatos, fui conseguindo ampliar minha agenda até que me chamaram para abrir uma sala dentro de uma clínica.

Financeiramente falando, os pacientes de consultório não iriam conseguir pagar o valor da sala, pois, apesar de ser uma sala muito pequena, era um valor alto, e eu ainda era AT. Então faria um investimento inicial para montar a sala e depois conseguir que ela começasse a dar lucro. Peguei um valor que eu tinha na poupança e comprei os móveis, meu pai me deu minha mesa e minha cadeira, e minha família e meu namorado (na época ainda não era marido) montaram todos os meus móveis. Fui ampliando a agenda e aos poucos saindo dos casos de AT, até que fiquei 100% no consultório. Não foi rápido, não foi simples, tive que aprender a viver com menor valor financeiro, saber investir em brinquedos e materiais, dar conta de várias famílias ao mesmo tempo. Comecei a pós-graduação em Neuropsicologia pelo Hospital das Clínicas da Universidade de Medicina da USP em 2020. Nesse ano, tivemos então a pandemia de Covid-19, todos os estabelecimentos deveriam ser fechados de um dia para o outro, e com a sala não foi diferente. Eu jurava que iríamos voltar em poucas semanas, mas não, as mortes aumentando, nós sem vacina, sem leitos, um terror pelo qual todos passamos. Tentei atender de forma on-line, mas poucas famílias aderiram e eu não as culpava. Havia tantos outros medos assombrando, que a saúde mental das crianças acabou ficando em segundo plano.

Passaram-se alguns meses e o governo liberou a saída dos profissionais da saúde, com normas de segurança. Eu não iria desistir do meu sonho, de toda a minha luta, meus pacientes já não pagavam mais a sala, estava tirando valor da poupança para pagar, eu tinha que retornar. Uma fonoaudióloga do mesmo espaço também estava querendo retornar, muitas crianças precisando das intervenções, então nos unimos e fomos. Tive que ficar longe da casa dos meus pais, pois eu não poderia trazer um possível vírus para casa, então fiz minha mala, foi um clima de despedida com meus pais, nos comovemos e fiquei transitando entre a casa dessa fonoaudióloga e a casa dos meus sogros durante quase seis meses.

Muitas famílias ligavam pedindo intervenção de suas crianças, pois, por justamente terem deixado a saúde mental em segundo plano, agora estavam desmoronando, então consegui pegar uma sala maior logo depois. E a vida foi se refazendo, agenda lotando, sendo recomendada por profissionais, supervisionando as ATs da minha própria equipe. A agenda lotou tanto que não havia mais espaço, trabalhava de segunda a sábado, foi então que vi a necessidade de ampliar mais meu espaço e ter outras profissionais que eu pudesse supervisionar e atuar com as crianças. Então, me mudei para uma sala comercial, dividi essa sala em uma recepção e duas salas, uma minha e uma de psicólogas para atender às diversas demandas. A clínica, até então chamada Nathália Malagone – Psicologia Infantil, foi se transformando em Núcleo Infantil. Éramos um time, uma equipe, cada profissional que chegava foi agregando conhecimento e aprendendo juntas, criando laços além do profissional.

E no meio disso tudo veio então meu diagnóstico que comentei no início, o TDAH. Eu sempre suspeitei, mas na especialização de Neuropsicologia tive a grande certeza. Realizei então com minha professora da pós a avaliação e ela disse, com toda certeza: "Você tem todas as características", e, com isso, tudo fez sentido. Fez sentido pela minha vocação com criança atípicas, fez sentido meu movimento exploratório, minha agitação, minha espontaneidade, meu interesse pelas crianças, tudo começou a fazer mais sentido, e me conhecer me possibilitou crescer muito mais, como pessoa, como psicóloga, como empresária e líder.

Cresci muito desde então, mas empreender na área da psicologia infantil também apresenta inúmeros desafios que eu não imaginava quando comecei. Existem famílias que não estão preparadas para ouvir o que precisa ser dito; existem profissionais que não possuem ética profissional e que irão dizer que estão do seu lado, mas não estão; existem momentos em que a gente acha que não vai aguentar e que desistir é a melhor opção (a vida não é boazinha com a gente); as pessoas confundem profissional da saúde com caridade, como se fosse errado cobrar pelo seu serviço... Mas todos esses desafios fizeram eu me valorizar como profissional. Sim, meu serviço custa, além do valor financeiro custa meu suor, minha saúde mental, meu tempo de dedicação, de terapia individual, que muitas vezes deixo de falar de algo da minha vida pessoal para falar sobre a clínica. Nem todos vão gostar de você; você vai fazer muitos amigos, mas também muitos inimigos que não estão contentes com seu sucesso, muitas vezes vão te admirar, mas não dirão isso para você.

Vivi coisas lindas na psicologia infantil, escutei de famílias que mudei a vida da criança e, como consequência, da família, vi crianças que não brincavam, não falavam, começarem a interagir, responder e evoluir em seu desenvolvimento, vi adolescentes no meio de uma crise de ansiedade conseguindo superar o desafio e lembrar das nossas sessões, vi profissionais crescendo e se desenvolvendo, escutei que eu fiz a diferença também na vida deles.

Sair da atuação direta com as crianças e os adolescentes para ser gestora e mentora de profissionais, abrir mão daquelas crianças, de quem aparentemente só eu daria conta, para me tornar supervisora... nada disso foi uma tarefa fácil, mas, aplicando o meu conhecimento com outras profissionais, vi que poderia estender o sucesso das intervenções além dos horários da minha agenda, ajudando profissionais a fazerem a diferença na vida dessas crianças e adolescentes.

Atuar na infância é atuar no futuro da humanidade, e eu não quero ser a detentora do conhecimento, mas ajudar todos a chegarem ao seu objetivo, como profissional e na carreira. A psicologia infantil nunca esteve tão em alta, e é preciso capacitar profissionais para trabalhar com as necessidades da infância.

Viver de psicologia infantil é um desafio diário, mas eu amo cada passo desse processo de transformação, e me transformo junto com ele!

# CAPÍTULO 02

# Inspirada pela infância

## Uma jornada de aprendizado e crescimento

Com uma paixão pelo desenvolvimento infantil e pela transformação proporcionada pela terapia comportamental, meu objetivo neste capítulo é compartilhar minha trajetória profissional e inspirar outros profissionais. Dedico esse espaço à minha família, que sempre me apoiou, e ao Caio, que é meu companheiro de vida e minha fortaleza.

Alexandra Vaz

## ALEXANDRA VAZ

Psicóloga graduada pela Universidade São Judas Tadeu (2019). Especialista em Análise do Comportamento Aplicada pelo CBI of Miami (2022). Pós-graduada em Parentalidade pela PUC-PR (2024). Sócia-proprietária da Camly Clínica Multidisciplinar Infantil. Desde 2017, atua com psicologia infantil.

**Contatos:** www.calmy.com.br
alexandra.vaz@calmy.com.br
Instagram: @calmyclinica

## Primeiros passos

Desde muito cedo, sempre estive rodeada por crianças e sou apaixonada por esse público. Tive muita influência da minha mãe, que sempre trabalhou com crianças na área de Pedagogia e me inspirou a olhar para esse universo com muito zelo e carinho, além de despertar uma paixão pelo desenvolvimento infantil.

Quando chegou o momento de escolher uma carreira, eu tinha apenas uma certeza: precisava ser algo que me permitisse trabalhar com o público infantil. Fiquei em dúvida entre Psicologia, Pedagogia ou Serviço Social. Em 2015, conquistei uma bolsa de estudos por meio do Prouni (Programa Universidade Para Todos), e seguir o caminho da Psicologia foi, com certeza, a melhor escolha para mim.

Durante a graduação, descobri que dentro da Psicologia existem inúmeras áreas de atuação, bem como inúmeras abordagens, o que me deixou inicialmente indecisa.

Conforme as aulas avançavam, comecei a me inscrever em cursos introdutórios para ampliar conhecimentos sobre variados temas, até que me inscrevi em um curso sobre autismo e análise do comportamento. Apaixonei-me e tive certeza de que essa seria minha área de atuação.

## Trajetória profissional

Minha experiência com crianças começou cedo, e sempre gostei de estar envolvida com esse público. No terceiro semestre da graduação consegui um estágio na AMA (Associação de Amigos do Autista). Foi meu primeiro contato com crianças neurodivergentes e com a ciência ABA (Análise do Comportamento Aplicada). Logo percebi que esse seria o meu caminho.

Em quase três anos na AMA, evoluí de estagiária para instrutora, até decidir enfrentar o desafio de ser acompanhante terapêutica domiciliar e aplicadora ABA em ambiente clínico. Essas experiências ampliaram meu conhecimento.

Em 2022, aos 26 anos, dei um grande passo ao abrir meu próprio local para atendimentos de psicoterapia infantil. Comecei sublocando uma pequena sala e, no ano seguinte, migrei para um espaço maior. Em dezembro de 2023, fundei a Calmy Clínica Multidisciplinar, onde atualmente sou sócia com meu companheiro.

## Desafios e superações

Durante minha jornada, enfrentei desafios que moldaram minha formação. Certamente, muitos que estão lendo este livro neste momento irão se identificar com essas dificuldades e superações. Alguns dos principais foram:

- **Remuneração**: como estagiária, enfrentei a baixa remuneração, recebendo apenas R$ 400,00 por mês. Com o apoio dos meus pais, persisti, focada em adquirir conhecimento.
- **Deslocamento**: residindo em Caieiras, enfrentava longas jornadas de ônibus e trem, passando até quatro horas diárias em trânsito. Apesar de desgastante, essa rotina me preparou para superar futuros desafios.
- **Atribuições além da função**: por diversas vezes, vivi situações em que me foram atribuídas tarefas que estavam muito além do escopo da função, como o atendimento

direto a pacientes sem supervisão e a aplicação de protocolos avaliativos sem que eu estivesse formada e devidamente registrada no Conselho de Psicologia. Com isso, aprendi cedo meu ofício, mas, principalmente, aprendi o que um gestor de clínica não deve fazer, em nome da ética.

- **Ambiente de trabalho conturbado**: trabalhei em um ambiente tão aversivo, que comecei a ter crises de ansiedade. Um estudo publicado no *International Journal of Environmental Research and Public Health* em 2020, que analisou os níveis de burnout e estresse em profissionais de saúde mental, apontou que aproximadamente 60% dos psicólogos relataram níveis moderados de estresse ocupacional. Essas experiências me fizeram valorizar a importância de um ambiente de trabalho saudável para o bem-estar mental.
- **Empreender**: independentemente de você se considerar uma pessoa empreendedora ou não ter (neste momento) o desejo de ser dono do seu próprio negócio, sugiro que leia com atenção este tópico.

Empreender entrou na minha vida de forma muito natural. Apesar de nunca ter tido o sonho de empreender, as experiências negativas que vivi em algumas clínicas me motivaram a querer criar o que eu considerava ser o ambiente de trabalho perfeito, ou quase.

No início de 2022, decidi, aos poucos, migrar para o atendimento particular. Comecei em uma pequena sala alugada, onde iniciei os atendimentos junto a outra profissional da área. Precisei abrir mão de 50% da minha renda durante longos seis meses, além de investir o dinheiro que eu tinha guardado.

Com a chegada de mais pacientes, no final de 2022 foi possível me dedicar totalmente ao atendimento particular e expandir, junto a uma sócia, também psicóloga, para um espaço maior.

Abrir uma empresa envolve muitos aspectos: desde encontrar o local ideal, realizar as adaptações necessárias, investir financeiramente para que tudo aconteça, obter as licenças e registros necessários, até desenvolver estratégias para captação de clientes e, o mais importante, oferecer um atendimento de qualidade.

No início, como em qualquer novo empreendimento, não contávamos com uma equipe de apoio. Nós éramos as psicólogas, recepcionistas, responsáveis pelo marketing, RH, financeiro, limpeza e manutenção. Fazíamos de tudo, trabalhando por mais de 12 horas por dia até que fosse possível delegar algumas tarefas.

Um desafio crucial ao empreender em sociedade é alinhar muito bem as metas e os objetivos em comum para a empresa. Afinal, se as pessoas não estiverem em total sintonia, existe uma grande chance de que a parceria não dê certo. Após aproximadamente um ano, percebemos que as coisas não estavam caminhando conforme o planejado e decidimos encerrar a sociedade.

Com isso, muitos aprendizados vieram, e o que mais me marcou foi compreender a importância de ter ao meu lado apenas pessoas que compartilhem os mesmos valores e princípios que eu.

Ao refletir sobre essa experiência, percebi que minha visão de como uma clínica deveria funcionar era mais complexa e exigia novas perspectivas para se concretizar. Eu queria criar um ambiente onde tanto os profissionais quanto os pacientes se sentissem valorizados, acolhidos e respeitados, com uma equipe composta por pessoas que compartilhassem do mesmo propósito. Queria um espaço onde os profissionais tivessem autonomia, mas também suporte, e pudessem crescer sem sacrificar seu bem-estar.

Para transformar esse sonho em realidade, convidei meu companheiro. Ele esteve ao meu lado desde o início desta jornada e, além de ter conhecimento em gestão, é pai de uma criança com TEA. Uma combinação ideal para começarmos algo novo, pensado em cada detalhe. Com tantas conexões entre nossas histórias, tudo apontava para uma nova direção. Assim, juntos, fundamos a Calmy em dezembro de 2023.

A Calmy nasceu a partir da necessidade de proporcionar para as famílias um tratamento humanizado, acolhedor e compassivo, além de proporcionar aos profissionais a devida valorização e um bom ambiente de trabalho.

Aqui vão alguns desafios e dicas para se preparar caso venha a ter sua própria empresa:

- **Instabilidade financeira**: tenha sempre uma reserva de emergência. Ela vai te livrar de muitos problemas.
- **Lidar com um público muito variado**: cada família e cada profissional tem sua singularidade. Em determinados momentos, isso pode ser muito desafiador, mas você deve praticar a empatia e a resiliência.
- **Dualidade** de ser terapeuta infantil (realizar atendimentos, avaliações, devolutivas, orientações parentais, entre outros), mas também ser líder de uma equipe multidisciplinar (realizar gestão de pessoas, agendas e rotinas da clínica).

## Impacto e recompensas

Muitas experiências durante o atendimento com as crianças são extremamente recompensadoras. Cada objetivo alcançado, cada sorriso e olhar correspondidos são motivos de grande alegria.

Além da satisfação de trabalhar diretamente com as crianças, o feedback das famílias também aquece o coração. É muito gratificante saber que nosso trabalho tem o poder de transformar vidas, trazer conforto às famílias e aliviar dores. Orgulho-me ao saber que muitas famílias já foram impactadas por meio do meu trabalho.

Como diretora clínica, é muito significativo poder proporcionar um ambiente de trabalho que sempre desejei para quase 20 pessoas que atuam diretamente comigo.

Embora exaustivo, o trabalho é também gratificante, alimentando minha paixão por fazer a diferença na vida das crianças e suas famílias.

## A importância do autocuidado

Falar sobre autocuidado e manutenção da saúde mental pode parecer clichê, mas é um tema de extrema relevância em nossa área. Como psicóloga infantil, compreendo a necessidade de cuidar da própria saúde mental e, infelizmente, já vivenciei as consequências de não o fazer.

Desligar-se do trabalho pode ser particularmente desafiador, especialmente quando lidamos com famílias que depositam grandes expectativas no tratamento de seus filhos. É difícil ignorar uma mensagem de pais que, após um dia de trabalho, enfrentam uma situação difícil em casa e buscam orientação, ou inúmeras outras situações. No entanto, o custo de negligenciar o nosso tempo como indivíduos, e não apenas como psicólogas e empreendedoras, pode ser muito elevado.

Diante desse cenário, gostaria de compartilhar algumas práticas que busco incorporar no meu cotidiano e que ajudam a aliviar o estresse causado pelas demandas profissionais.

- **Estabelecer limites**: é fundamental buscar equilíbrio, considerando que o trabalho sempre demandará muito de nós e que, naturalmente, temos o desejo de oferecer cada vez mais.
- **Terapia**: sendo profissionais da saúde mental, precisamos ter um espaço onde possamos falar abertamente sobre nós mesmos.
- **Rede de apoio**: ter pessoas que nos escutam e ajudam a aliviar o estresse é essencial para o bem-estar emocional.
- **Gentileza consigo mesma**: reconhecer que nem todos os dias você será capaz de dar 100%. Haverá dias em que as coisas não sairão como planejado, e você pode não ser a melhor terapeuta ou a melhor gestora de clínica. Perdoar-se e tratar-se com a mesma compaixão que oferece aos seus pacientes e suas famílias é um caminho desafiador, mas que pode ser crucial para manter sua saúde mental em equilíbrio.

É fácil colocar esses pontos em prática sempre? Não! Mas é uma busca constante, pois a manutenção da nossa saúde mental não é um luxo, mas uma necessidade.

## Dicas para quem quer ingressar na Psicologia Infantil

Com base em minhas experiências, deixo algumas dicas para quem deseja seguir esse caminho:

1. **Escolha uma boa formação**: direcione seus estudos para áreas relacionadas à infância e mantenha-se atualizado. Busque especializações e participe de cursos e congressos.
2. **Busque estágios**: experiências práticas são essenciais. Estágios em escolas, clínicas ou ONGs, remunerados ou não, são fundamentais para adquirir prática.
3. **Desenvolva habilidades de comunicação**: estando nessa área, você vai precisar se comunicar com as famílias muito mais do que imagina. O atendimento com a criança é só parte do trabalho do psicólogo infantil, por isso é importante desenvolver algumas habilidades para lidar com muitos tipos de família e conseguir orientá-las.

Por fim, minha paixão pelo desenvolvimento infantil é o que me move como psicóloga. Cada criança e cada família com quem trabalho são fontes constantes de inspiração. Espero que este capítulo tenha transmitido essa paixão e encorajado outros a se dedicarem a essa área tão gratificante.

## Referência

FORTES, A. M.; TIAN, L.; HUEBNER, E. S. Occupational stress and employees complete mental health: a cross-cultural empirical study. *International Journal of Environmental Research and Public Health*, 2020. Disponível em: doi: 10.3390/ijerph17103629. Acesso em: 28 mar. 2025.

# CAPÍTULO 03

## Crescer com crianças

Este capítulo narra minha jornada como educadora e psicóloga, marcada por desafios e consequências. Desde a maternidade precoce até a criação da minha clínica de desenvolvimento, compartilho experiências pessoais e profissionais, revelando como a perda de meu filho fortaleceu meu propósito. Dedico-me a ajudar crianças e famílias, com a certeza de que nunca é tarde para realizar sonhos.

Camila Almeida de Campos Sousa

# CAMILA ALMEIDA DE CAMPOS SOUSA

Formada em Pedagogia (2013) e Psicologia pela Universidade de Cuiabá (Unic), com pós-graduação em Psicopedagogia Clínica e Institucional. É especialista em Neuropsicologia, com formação no Instituto Suassuna em Goiânia-GO, e em Análise do Comportamento Aplicada (ABA) pelo Instituto Singular. Possui formação em Terapia Cognitivo-comportamental (TCC) e participou de diversos cursos na área de Psicodiagnóstico, além de formações externas para a educação, com foco em alfabetização e letramento. Sua atuação é focada no desenvolvimento infantojuvenil, onde atua como empresária e diretora da Clínica Crescer, neuropsicóloga e psicóloga clínica. Trabalha com uma abordagem interdisciplinar, atendendo crianças, adolescentes e suas famílias, integrando diferentes áreas para uma compreensão mais completa.


**Contatos:** camilacamposousa@gmail.com
Instagram: @crescer.camilacampos
66 99665 4455

Desde cedo, sempre fui uma boa aluna, dedicada e curiosa, mas a vida me levou por caminhos repletos de mudanças. Mudei diversas vezes de estado e até de país, o que impactou minha trajetória escolar. Passei alguns anos morando no Paraguai, onde cursei o primeiro ano do ensino médio. No entanto, ao retornar ao Brasil, precisei repetir o ano devido às diferenças na série curricular.

Ainda assim, meu sonho de fazer faculdade nunca se abalou. A educação sempre foi uma prioridade para mim, e eu sabia que, de alguma forma, alcançaria meu objetivo. No entanto, aos 17 anos, a vida recomeçou em um rumo diferente quando me casei. Na época, eu ainda não havia terminado o Ensino Médio e faltou o segundo e o terceiro anos para concluir.

Após oito meses de casamento, engravidei do meu primeiro filho, Allan Matheus. Com a chegada de um bebê, decidi dar uma pausa nos estudos para me dedicar integralmente à maternidade. Dois anos depois, engravidei novamente, desta vez de Pedro Gabriel, meu segundo filho. E, pouco mais de um ano depois, minha filha caçula, Gabrielle, chegou para completar nossa família.

Meu sonho inicial sempre foi ser mãe e ter uma família, mas desde cedo descobri que não queria ser financeiramente dependente do meu marido. A independência e a liberdade sempre foram valores importantes para mim. Embora a maternidade tenha me trazido imensa felicidade, senti que faltava algo, uma realização pessoal que ainda não havia encontrado.

Determinei-me a conquistar minha independência financeira, mas, na época, ainda não tinha claro sobre meu propósito. Decidi que o primeiro passo seria concluir o Ensino Médio, e me inscrevi na modalidade EJA (Educação para Jovens e Adultos). Foi um período desafiador; eu frequentava as aulas no período noturno, levando minha filha ainda bebê no carrinho e deixando os dois filhos maiores sob os cuidados do meu marido. Consegui, dessa forma, concluir, mas o caminho a seguir ainda era incerto.

Eu tinha um sonho de me tornar psicóloga, mas morar no interior limitava minhas opções, já que na época não havia o curso que eu desejava na região. Foi então que, um dia, ouvi o carro de som anunciando a abertura de inscrições para o vestibular de uma faculdade de Pedagogia a distância pela Universidade Norte do Paraná (Unopar). Naquele momento, decidi me inscrever, embora ainda carregasse dúvidas se seria capaz de conseguir, especialmente por não ter concluído meus estudos em uma escola regular.

Realizei o vestibular e, para minha surpresa, passei em primeiro lugar. Meu marido ficou tão orgulhoso, que mandou fazer uma faixa de parabenização e colocou em frente à nossa casa. Foi um momento marcante que reafirmou meu desejo de seguir em frente e buscar a realização pessoal e profissional.

Iniciei, então, a faculdade de pedagogia, na qual em alguns dias tivemos aulas presenciais e, em outros, participamos de atividades on-line. Dediquei-me intensamente aos estudos e, ao chegar ao terceiro semestre, levei minha documentação de estágio para o Colégio Mãe da Divina Providência (CMDP), um colégio católico. Embora os avanços ainda não tivessem iniciado, surgiu uma oportunidade inesperada: uma professora que me convidou para substituir a professora de uma turma docente de cinco anos na Educação Infantil.

Após receber o plano de aula do dia, decidi ir além e preparar atividades adicionais, como uma história e uma musiquinha para utilizar caso sobrasse tempo. No final da aula, utilizei essas atividades para envolver as crianças, e foi então que a orientadora da escola passou pela sala e ficou impressionada ao ver os alunos tranquilos, aguardando os pais. Ela me parabenizou, destacando que aquela turma estava bastante agitada e que eu havia feito um excelente trabalho. Esse reconhecimento foi um ponto de virada.

No entanto, a virada do ano de 2009 trouxe um evento devastador. No dia 31/12/2009, viajamos para Água Boa-MT para passar a virada do ano na casa das minhas cunhadas com toda a família. Infelizmente, algo trágico aconteceu: meu filho Pedro Gabriel, de apenas quatro anos e oito meses, faleceu em um afogamento na piscina. Esse momento foi um golpe profundo e inesperado; meu mundo parou e eu fiquei completamente desolada, sem forças para continuar.

Foi nesse período de dor e perda que me agarrei à minha fé. Em minhas orações, não pude pedir nada, apenas chorei. Como cristã, sempre busquei a orientação divina em todos os aspectos da minha vida. Senti um direcionamento claro de Deus, que me confortou e me deu a certeza de que Ele guiaria meus passos e a direção da minha vida. Na mesma semana, recebi uma ligação da escola onde havia trabalhado como professora substituta. A diretora, irmã Laurita, me convidou para uma entrevista e, ao chegar à escola, ela me ofereceu a oportunidade de assumir a turma de cinco anos que eu havia substituído, pois a professora estava se desligando. Aceitei o desafio e comecei essa nova etapa em minha vida, abraçando a oportunidade de continuar a minha jornada na educação.

Assumir uma turma na Educação Infantil durante todo o ano de 2010 foi, sem dúvida, um desafio significativo. Sem experiência de estágio prévio, me vi em uma situação nova e exigente. Para me preparar, pedi à professora da turma que me deixasse acompanhá-la por uma semana antes de sua saída, para observar suas práticas e ajudar quando necessário. A turma contava com 25 alunos e, na ausência de um auxiliar, foi preciso me adaptar rapidamente ao ambiente e às necessidades das crianças.

Aquele ano foi de intenso aprendizado e crescimento pessoal e profissional. Dediquei-me a pesquisas, desenvolvi atividades e projetos, e absorvi tudo o que pude para atender bem aos meus alunos. No final do ano, recebi elogios da diretora, que comentou que eu realmente havia "vestido a camisa do CMDP", uma frase que me marcou profundamente e evidenciou o impacto positivo do meu trabalho.

Os dez anos seguintes foram marcados por um processo contínuo de aprendizagem e desenvolvimento. Permaneci na mesma função e com a mesma turma, aproveitando as oportunidades de cursos e congressos de educação oferecidos pelo colégio. Esses anos foram ricos em experiências e contribuíram significativamente para minha evolução como profissional. Fui reconhecida pelos pais e alunos pela dedicação e inovação no planejamento das aulas.

Adotei o lema da escola, "Educar é a arte de amar", e desenvolvi o meu próprio lema: "Melhor do que aprender, é desenvolver a motivação em aprender". Esse princípio guiou meu trabalho, garantindo que meus alunos de pré-alfabetização não apenas saíssem alfabetizados e escrevendo em letra cursiva, mas também motivados e felizes com o processo de aprendizagem. Os pais frequentemente solicitavam que seus filhos fossem alocados na minha sala, demonstrando confiança e reconhecimento pelo meu trabalho.

Finalizei minha graduação em Pedagogia e busquei ampliar meus conhecimentos com uma pós-graduação em Psicopedagogia. O interesse em entender o desenvolvimento global da criança cresceu, e passei a ter um olhar mais atento para as necessidades e comportamentos dos alunos. Realizava aulas de reforço com ludicidade, organizava reuniões com pais e implementava planos diferenciados para promover o desenvolvimento da criança. Acreditava que até mesmo pequenos atrasos poderiam impactar emocionalmente a autoestima das crianças e, eventualmente, causar problemas mais sérios.

O respeito e a dedicação a cada criança me motivaram a continuar estudando, e a chegada da faculdade de Psicologia presencial em minha cidade foi uma oportunidade que eu não poderia deixar passar. Essa nova etapa representou a continuação de minha jornada de aprendizado e crescimento, com o objetivo de aprofundar ainda mais meu conhecimento e expandir minha atuação profissional.

Iniciei a faculdade de Psicologia em minha cidade, Primavera do Leste-MT, Universidade de Cuiabá (Unic) no ano de 2017. Durante esse período, me dediquei intensamente aos estudos e aproveitei ao máximo os cursos oferecidos. Realizei estágios na clínica-escola da faculdade, o que me proporcionou uma experiência. No entanto, percebi a necessidade de me especializar ainda mais para oferecer um curso de excelência. Foi então que decidi iniciar uma pós-graduação em Neuropsicologia e escolhi a Terapia Cognitivo-Comportamental (TCC) como minha abordagem psicológica principal.

Recentemente, concluí uma segunda pós-graduação em Análise do Comportamento Aplicada (ABA), e continuei me aprimorando com diversos cursos. Após a minha colação de grau, o fato de eu ter poucos recursos financeiros limitou minhas opções de montar uma sala própria. Diante da urgência em começar a atender e realizar avaliações neuropsicológicas, decidi sublocar uma sala, compartilhando o turno com outra psicóloga. Investi em uma bateria de testes para pré-escolares e escolares e iniciei os atendimentos.

Desde o início dos atendimentos, muitos dos meus pacientes eram ex-alunos. Em pouco tempo, consegui alugar uma sala e montar meu consultório planejado. No entanto, com o crescimento da procura e a necessidade de um espaço mais adequado, surgiu a oportunidade de criar a minha própria clínica.

Atualmente, aos 42 anos, tenho a honra de dirigir a clínica "Crescer Espaço de Neurodesenvolvimento Infantojuvenil". Embora possa parecer tarde para alguns, tenho certeza de que os sonhos não têm idade. A clínica conta com uma equipe dedicada composta por secretária, neuropsicóloga, psicóloga comportamental, psicóloga clínica sistêmica e psicopedagogas. Em nosso trabalho, valorizamos profundamente uma abordagem interdisciplinar, fundamental para oferecer um atendimento integral e eficaz. A colaboração entre os diferentes profissionais permite uma compreensão abrangente das necessidades de cada criança, possibilitando um plano de intervenção mais completo e ajustado. Nosso foco principal é atender crianças com transtornos do neurodesenvolvimento e problemas emocionais, oferecendo suporte abrangente e especializado. A importância do trabalho interdisciplinar é clara: ele permite uma visão holística e coordenada do desenvolvimento e das dificuldades das crianças, o que melhora significativamente os resultados do tratamento.

Além do atendimento às crianças, entendemos a importância de trabalhar com as famílias. Buscamos compreender a dinâmica do sistema familiar de cada uma, pois concluímos que não se pode tratar uma criança sem também tratar a família. O envolvimento familiar é crucial para o sucesso do tratamento e para a criação de um ambiente de suporte e desenvolvimento positivo para a criança.

A realização desta clínica representa a concretização de um sonho e a confirmação da promessa divina em minha vida. Com a clínica, busco não apenas ajudar crianças e adolescentes, mas também suas famílias, com a certeza de que este sonho não é apenas meu. Meu objetivo é realizar os sonhos de cada pessoa que me procura, promovendo uma vida mais saudável e feliz para todos.

O caminho que percorri ajudou a me encontrar como pessoa e como profissional. Lidar com crianças e acompanhá-las em seu desenvolvimento trouxe um propósito profundo e verdadeiro à minha vida. A perda do meu filho Pedro Gabriel foi uma experiência devastadora, mas também foi o que me levou a ressignificar minha missão. Esse evento trágico me fez perceber a importância de apoiar e ajudar outras crianças e suas famílias. Encontrei na Psicologia e no trabalho com crianças minha verdadeira missão de vida. Essa profissão se tornou um caminho de cura e realização pessoal, no qual sinto que posso fazer a diferença e honrar a memória do meu filho ao oferecer suporte e esperança para outros.

Tudo o que alcancei até aqui foi possível com o apoio incondicional da minha família, principalmente meu esposo, que tem sido meu porto seguro em momentos difíceis. Sempre que enfrentei dificuldades, encontrei neles refúgio, motivação e forças para continuar. Sou grata aos meus pais, que, apesar das limitações e desafios, deram o melhor de si e foram a base fundamental para que eu me tornasse quem sou hoje.

Ao longo da minha trajetória, nunca deixei de lado minha espiritualidade. Sou organista e toco na igreja, servindo ao Senhor na parte musical junto com minha família na Congregação Cristã no Brasil. Também sou instrutora e dou aula de música para crianças e adolescentes na igreja e sou responsável pelo Espaço Infantil. Minha fé sempre foi o combustível para seguir em frente, e esse trabalho voluntário é minha forma de expressar gratidão e devoção a Deus, fortalecendo ainda mais minha missão de vida.

Continuarei me preparando, estudando, e expandindo meu espaço, sempre com o compromisso de oferecer um atendimento de qualidade e fazer a diferença na vida de cada indivíduo que atravessa a porta da minha clínica. Afinal, a idade não é um obstáculo, mas uma prova de que com Deus à frente, nunca é tarde para seguir seus sonhos e realizar aquilo que realmente acredita ser sua missão.

# CAPÍTULO 04

## Do toque ao cuidado

### Psicologia Infantil

Ao longo deste capítulo, dividirei com vocês minha trajetória profissional, compartilhando um propósito maior, repleto de significado e em harmonia com meus valores. Desejo que a minha história lhe possa inspirar coragem e transformar as barreiras em oportunidades, ajudando-o a encontrar algo que realmente o complete e desafie.

Carol Barone

## CAROL BARONE

Graduada em Psicologia pelo Centro Universitário das Américas (FAM), especialista em Análise do Comportamento Aplicada ao Autismo, Atrasos no Desenvolvimento Intelectual e Linguagem pela Universidade Federal de São Carlos. Sua experiência inclui atuação como acompanhante terapêutica escolar e domiciliar por vários anos, sendo reconhecida com o Prêmio de Terapeuta Destaque pelo Instituto Singular. Além disso, participou de cursos de capacitação, incluindo o Workshop Introdutório Oficial no Modelo Denver de Intervenção Precoce pelo Institute Minds e o Child Development and Complete Behavioral Evaluation pelo CBI of Miami. Desde 2022, atua como coordenadora particular e em clínicas, onde ajudou a estruturar e desenvolver a área de psicologia ABA.


**Contatos:** entr.ai/carolbarone
carolbarone.psicologa@gmail.com
Instagram: @carolbaronepsicologa
Facebook: Caroline Barone Psicóloga
11 95690 1876

*Não há transição que não implique um ponto de partida, um processo e um ponto de chegada. Todo amanhã se cria num ontem, através de um hoje. De modo que o nosso futuro baseia-se no passado e se corporifica no presente. Temos de saber o que fomos e o que somos, para sabermos o que seremos.*

**(Paulo Freire, 2021, p. 42)**

Desde muito nova, por causa da minha avó, decidi que queria atuar na área da saúde. Lembro-me do seu esforço para respirar, dificuldade para se locomover e a sua determinação de viver. Assim, iniciei minha graduação de fisioterapia, encantada com a teoria sobre o corpo humano e a beleza da reabilitação física. Embora tenha sido um período de grandes aprendizados, algo me deixava inquieta.

Ao longo da graduação, envolvi-me em trabalhos voluntários em diversos ambientes, como abrigos, casas de repouso, pessoas de todas as faixas etárias, animais e eventos, porém, foi na área infantil que encontrei minha paixão: entender e auxiliar as crianças a compreenderem e lidarem com suas dificuldades físicas e emocionais. Em paralelo, enfrentei uma fase desafiadora de ansiedade, o que me levou a descobrir a Psicologia, com todas as suas complexidades e seus desafios da saúde mental.

Com muita coragem e determinação, fiz a transição do final do curso de graduação em Fisioterapia para o início da nova jornada em Psicologia. Logo me surpreendi com a facilidade em absorver o conhecimento, a fluidez nas discussões e a curiosidade pelas diferentes abordagens.

No terceiro ano da graduação em Psicologia, as crises de ansiedade e pânico ressurgiram. O apoio incondicional da minha família, dos amigos próximos e dos professores foi crucial para que eu pudesse compreender e lidar com o que estava acontecendo comigo, após um ano, uma nova inquietação, sinalizando que era hora de uma nova transição.

Decidi pedir demissão de uma carreira construída ao longo de 11 anos para reavaliar minha vida pessoal e profissional. Dois meses depois, enquanto procurava novas formas de trabalho, fui surpreendida por um convite: atender uma criança com diagnóstico de autismo.

O início não seria imediato, mas eu precisaria me estabelecer como pessoa jurídica e me capacitar por meio de livros, artigos científicos recomendados, discussões com profissionais da área e treinamentos práticos no Instituto Singular. Exatamente assim, começou minha jornada em uma notável clínica especializada em autismo e rodeada por profissionais incríveis!

Ser acompanhante terapêutica, ou AT, foi uma das melhores coisas que me aconteceram. Desde então, celebro cada conquista, especialmente uma em particular: recebi o prêmio de destaque em 2020 como acompanhante terapêutica. Vou te contar essa história, que chamo de "Eu e você, você e eu, juntinhos" – sim, como a música do Tim Maia.

O ano de 2020 foi desafiador para todos, o mundo foi apresentado à Covid-19, uma pandemia avassaladora. Em janeiro, comecei a atender um garotinho, com dois anos e sete meses. Houve períodos de isolamento e flexibilizações, mas uma coisa que não aconteceu foi essa família desistir – e nem eu. Os pais começaram a me buscar e levar para casa de carro, seguindo todas as recomendações. As intervenções diárias em casa levaram à evolução desse menino que apresentava cada vez mais habilidades desenvolvidas.

D. N., diagnosticado aos dois anos e dois meses de idade, recebeu alta médica e das terapias próximo aos seis anos, pois já apresentava os pré-requisitos necessários para continuar a se desenvolver em todos os ambientes, incluindo o escolar. Atualmente, com sete anos, ele continua a desenvolver suas habilidades, tem muitos amigos, é convidado para todas as festas e não falta em nenhuma, e tem um coração cheio de empatia. Sua família, sempre atenta e comprometida, realizou as orientações recomendadas e hoje somos grandes amigos – ou melhor, uma família.

Durante meus anos como acompanhante terapêutica, trabalhei com diversas crianças, que estimularam minha habilidade de criatividade. E eu ofereci o melhor de mim para ajudá-las a desenvolver as habilidades necessárias. São tantas histórias, famílias, terapeutas e aprendizados que marcam a minha jornada.

Realizei diversos cursos, assisti a atendimentos de colegas, participei de discussões de casos e estive presente nas reuniões de equipe. Sempre busquei o aprimoramento, tirando dúvidas com outros terapeutas. Ainda durante a graduação em Psicologia, recebi convites de várias clínicas para atuar como psicóloga coordenadora assim que me formasse.

Após bons anos de estudo, finalmente obtive meu diploma e dei entrada com os documentos para o registro no Conselho. Uma nova transição era iminente. Continuei como AT por mais seis meses, atuando paralelamente como coordenadora particular e em uma clínica especializada em desenvolvimento infantil. Também iniciei a especialização em Análise do Comportamento Aplicada em Autismo, Atrasos no Desenvolvimento e Deficiência Intelectual pela Universidade Federal de São Carlos.

Como qualquer ser humano workaholic e atuante na área da saúde, enfrentei novos sintomas, minha memória cedeu, meu cognitivo não funcionava, e precisei, por duas vezes, sair do modo automático. Era a síndrome de burnout, e, com muita dificuldade, adicionei à minha rotina atividades prazerosas e a desafiar a mim mesma "a não fazer nada" em alguns momentos. Com um toque da Análise do Comportamento Aplicada (ABA, do inglês *Applied Behavior Analysis*), baseada nos princípios de B. F. Skinner, criei um plano pessoal considerando minha disponibilidade e prioridades.

Hoje, minha agenda inclui a psicóloga Carol, a Carol praticante de pilates, ioga e dança, a Carol dedicada à família e aos relacionamentos, e, claro, a Carol que não quer fazer nada. São diversas versões de Carol que conversam entre si.

A Carol psicóloga, também chamada de Carolzinha, Tia Carol, Dona Carol, e até "a que faz Carolzices" (uma linda garotinha que inventou essa), reflete o tipo de atendimento que realizo. Crio vínculos com as crianças e suas famílias, identifico o que gostam e planejo as sessões para que sejam as mais divertidas e lúdicas possíveis para a intervenção. Meu jeito expansivo e expressivo é uma característica que levo para cada encontro.

Porém, para você, profissional ou futuro profissional, saiba que são necessárias muitas horas de estudo, pesquisa, produção de materiais, elaboração e revisão de relatórios, artigos científicos e livros, além de análise de dados, criação de estratégias e discussões em equipe para prestar um atendimento de qualidade e humanizado. Posso garantir que os 60 minutos de atendimento presencial com a criança são resultado de muitas horas de preparação e análise.

Digo que ser organizado(a) é um pré-requisito. Cada família tem suas demandas, e mesmo que seja sobre o mesmo grupo de habilidades, garanto que não será a mesma estratégia ou objetivo. Os planos de ensino são personalizados para cada criança, aplicando-se o ensino mais adequado. Não existe um protocolo fixo, não existe uma receita de bolo.

É essencial ter uma boa equipe formada e bons supervisores. Saber ensinar e aplicar as estratégias de forma eficaz é fundamental.

Vou continuar compartilhando mais da minha história para mostrar como cheguei até aqui e atender por conta própria.

Assim que me formei, aceitei a proposta de ser coordenadora em uma clínica, onde aprendi muito com uma amiga psicóloga. Recebi propostas de famílias com as quais já havia atuado como acompanhante terapêutica para ser psicóloga. Com transparência e sempre explicando o que estava sendo realizado, como e por quê, tornei-me uma profissional reconhecida pela honestidade e pela dedicação ao desenvolvimento infantil.

Aceitei outra proposta para atuar em uma clínica com mais de 40 anos de mercado, onde uma nova área voltada para a Psicologia ABA estava sendo criada. Auxiliei na estruturação dessa nova área, organização de materiais, elaboração de diversos tipos de relatórios e estruturação dos processos e atendimentos. Foi uma experiência de grande crescimento profissional.

Em paralelo, atendia crianças em suas residências ou em um espaço alugado por mim. As indicações cresciam rapidamente, e muitas famílias procuravam meus serviços. Sabendo que não poderia abraçar o mundo e não querendo comprometer a qualidade do atendimento que ofereço, decidi ter meu próprio espaço.

Recentemente, comecei a aparecer nas redes sociais, atendendo a pedidos de pessoas que perguntavam se eu tinha um Instagram ou um cartão de visitas. Percebi a importância de estar mais presente nas redes sociais para continuar ajudando e orientando mais pessoas.

Refletindo sobre minha jornada, percebo que cada desafio superado, cada transição e cada aprendizado foram essenciais para me moldar como profissional e pessoa. A minha trajetória, que começou com uma paixão pela saúde e se transformou em um compromisso com o desenvolvimento infantil, mostra que o caminho para encontrar nosso propósito é longo, mas extremamente gratificante.

Estou determinada a seguir minha trajetória profissional e acadêmica, aprofundando meus conhecimentos e minhas práticas. Pretendo iniciar um mestrado, focando em Psicologia Experimental, para ampliar minha compreensão e contribuir ainda mais para o conhecimento em psicologia e desenvolvimento infantil. A continuidade dos estudos é fundamental para o desenvolvimento da minha carreira e para o impacto que desejo causar na minha área de atuação.

A criação do consultório Carol Barone é a concretização de um sonho que nasceu do desejo de proporcionar um atendimento de qualidade, humanizado e adaptado às necessidades de cada criança. A presença nas redes sociais é uma extensão dessa missão, permitindo que mais pessoas tenham acesso a informações valiosas e possam transformar a vida de suas famílias.

Continuo dedicada a crescer, aprender e compartilhar. Espero que minha história inspire você a enfrentar as suas próprias transições com coragem e determinação, sabendo que, com paciência e persistência, você também pode construir algo que tenha um impacto profundo e positivo na vida das pessoas.

## Referências

FREIRE, P. *Educação e mudança*. Rio de Janeiro: Paz & Terra, 2021.

MOREIRA, M. B.; MEDEIROS, C. A. *Princípios básicos de análise do comportamento*. Porto Alegre: Artmed, 2008.

# CAPÍTULO 05

## A cada dia aprendo mais com as crianças

O que me moveu para chegar até aqui na Fonoaudiologia foi o amor à profissão e ao público que atendo, principalmente as crianças. Hoje consigo dar toda atenção a elas de maneira individualizada, como merecem, principalmente as que se encontram dentro do espectro autista. Elas me ensinaram a enxergar com a alma. Agradeço a todos e dedico este capítulo com muito amor e carinho.

Daniela Máximo

## DANIELA MÁXIMO

Fonoaudióloga. Mestre em Ciência da Comunicação Humana (FCMSCSP). Especialização em voz (FCMSCSP) e Especialização e aprimoramento em Disfagia (FMABC). Especialização em Audiologia (PUC/SP). Especialização em ABA (Análise do Comportamento Aplicada ao Autismo) (UFSCAR). Habilitada para atendimentos em apraxia da fala. Formação e atuação na área fonoaudiológica: 23 anos.

**Contatos:** fonoaudiologiamaximo.com.br
fga_daniela@yahoo.com.br
Instagram: @maximo_fonoaudiologia
11 98334 6416

Tudo começou quando eu era muito jovem, ao escolher uma faculdade. Sabemos que não é nada fácil para um(a) jovem escolher uma profissão, pois é uma decisão que nos levará a uma responsabilidade pelo resto da vida. Infelizmente, alguns sofrem com a pressão familiar e com suas imposições, mas nem sempre é aquilo que querem seguir. Quanto a mim, sabia o que queria muito antes de prestar vestibular: queria ser fonoaudióloga. Ainda quando criança, por volta dos sete anos, acompanhava minha prima, que na época tinha cinco anos, ao hospital para fazer sessões de fonoterapia. Ela tinha o que chamamos de "distúrbio articulatório", ou seja, a criança apresenta omissões, substituições e/ou trocas nos fonemas ao falar. Posso citar como exemplo nosso querido Maurício de Souza, que mencionou carinhosamente em seus gibis: "Cebolinha você precisava de uma fonoaudióloga". Confesso que adoraria ser a fono do Cebolinha, rs... Mas eu era apenas uma criança que tinha sonhos de atender outras crianças... Então precisava crescer logo, tinha pressa de ser adulta e estudar para ser igual às "moças" do hospital que atendiam a minha prima.

Ao entrar na faculdade, meus planos estavam muito claros na minha mente, porém naquela época nem tudo era tão fácil como eu pensava. Sabia que seria só o início de muitas lutas que viriam, e que futuramente bons frutos seriam colhidos.

Ao concluir a graduação, recebi o convite de uma assistente social para trabalhar voluntariamente como fonoaudióloga em uma organização não governamental (ONG) que atende crianças de zero a dezoito anos de idade, abandonadas pelos pais/parentes ou por denúncia de maus tratos e a consequente necessidade da intervenção do Conselho Tutelar.

Ao chegar na "Casa", como chamavam a ONG, quase não tive forças para controlar a emoção, pois as lágrimas brotavam da alma, por ver tantas crianças abandonadas e tão carentes de afeto e de carinho. Vi uma parte da minha infância nelas, porque fui criada apenas pela minha mãe, muito guerreira por sinal, que trabalhou em dois hospitais simultaneamente para que eu me tornasse a pessoa que sou hoje. No entanto, ela nunca teve tempo de verdade para curtir a minha infância. Foi necessário que eu ficasse na casa de várias pessoas (conhecidas/vizinhos e/ou parentes) e confesso que não foi nada agradável e muito menos fácil.

Voltando para a história das crianças da "Casa", com o tempo, realizando o trabalho voluntário, fui convidada para fazer parte da diretoria e, posteriormente, fui de fato contratada pela ONG para atuar nas questões sociais.

Lá fui muito querida e amada por todas as crianças, não havia possibilidade de me sentir triste, embora uma ou duas pessoas que não eram as crianças, desejassem isso. No entanto, a pureza de cada uma daquelas carinhas fazia eu me sentir grandiosa e, às vezes, até com poderes mágicos, que me faziam superar quaisquer obstáculos. Acho que elas enxergavam isso em mim, porque pareciam abelhas no mel quando eu chegava para trabalhar: mal conseguia fechar a porta da sala do escritório porque elas queriam conversar sobre tudo, mostrar seus desenhos, falar sobre questões confidenciais, mas, como não era a profissional adequada, as encaminhava à psicóloga. No entanto, às vezes acabava as escutando, porque sabia que era necessário oferecer-lhes o mínimo de atenção naquele momento.

O tempo foi passando e resolvi investir mais na Fonoaudiologia – fiz especialização em audiologia e trabalhei por muitos anos em várias em empresas de AASI (aparelho de amplificação sonora individual). A área da audiologia é fantástica, mas parecia faltar algo; naquela época não sabia descrever muito bem o que era, mas havia um buraco dentro de mim não só como profissional, mas como pessoa.

Sempre gostei de me aprimorar, então resolvi estudar sobre disfagia (alteração na deglutição). Ter essa especialidade me abriu portas para trabalhar em vários lugares, realizar atendimentos domiciliares, trabalhar em hospitais, entre eles uma Unidade de Longa Permanência de pessoas portadoras de deficiências físicas e intelectuais. Lá foi realmente onde tudo começou de verdade, porque embora eu já tivesse trabalhado com crianças em uma ONG, não tinha ideia do que seria estar em uma Instituição com este público, atuando como fonoaudióloga e com crianças especiais. Estas tinham sido abandonadas por sua aparência física ou por qualquer outro motivo que as pessoas que as abandonavam tentavam sempre justificar.

Já havia desejado trabalhar nessa Instituição e, ao chegar à frente do portão, minhas lágrimas caíam sem esforço, parecia que tinha encontrado algo em nível espiritual naquele lugar cheio de mistérios. Chorava não só pelas crianças e pelos adultos que lá residiam. Apesar de a Instituição ser conhecida por abrigar crianças, lá havia alguns adultos, porque não podemos esquecer que as crianças um dia crescem.

Mesmo ciente de todas as dificuldades, nunca desisti de trabalhar lá, porque além de ser um dos meus sonhos, também sabia que tinha muito o que aprender com vários profissionais e com aquelas crianças que lá residiam e sempre me ensinavam algo. Lá permaneci por alguns anos, atuava na área da disfagia, mas, com o passar do tempo, também fui convidada para atender crianças dentro do espectro autista (TEA). Não tinha a menor experiência para atendê-las até algum tempo, e duas grandes colegas de profissão, atualmente amigas, me ajudaram muito – eu observava em especial os atendimentos e ia aprendendo, mas sabia que só olhar não bastava. Um dia, sem esperar levei um tapa no rosto de uma das crianças, e ali percebi o quanto ainda precisaria estudar, aquilo seria só o começo de uma grande jornada. Ela queria dizer algo e eu não fui capaz de entendê-la. Então resolvi vestir a camisa, não só das crianças, mas de todos aqueles com TEA em especial, embora lá existissem outras questões também.

Com o passar do tempo e dos estudos, fui delimitando meus atendimentos dentro e fora da Instituição de Longa Permanência (ILP). Passei a receber vários convites, comecei a atender no consultório da mesma amiga – ela foi um verdadeiro anjo profissional na minha vida.

Fora da ILP conheci um psicólogo que me deu um norte e me orientou a estudar a Ciência ABA (Análise do Comportamento Aplicada ao Autismo), o que me fez adquirir grandes conhecimentos sobre questões comportamentais das crianças. Apesar de não ser psicóloga, segui o conselho e fui me especializar com esses profissionais, para melhorar os atendimentos na minha área.

Desde então, nunca mais parei de atender crianças dentro do espectro autista e as que não estavam/estão nessa condição. A proposta é sempre acolhê-las com muito amor e carinho.

A cada dia que passa, descubro um mundo diferente nessas crianças, elas me ensinam como viver de modo mais leve, delicado, mostram outra maneira de enxergar o mundo. A inocência de cada uma delas me lembra que um dia também fui criança e, muitas vezes, fui mal compreendida. Passamos o tempo todo tentando fazê-las se adequarem aos nossos modos, pensamentos, e principalmente no mundo que criamos e pensamos que sejam perfeitos para elas. É como termos uma joia preciosa e rara e querermos moldá-las à nossa maneira, desconstruindo tudo de mais rico que existe.

No entanto, elas surgem com novas ideias, comunicação, expressões e uma linguagem no geral que nem mesmo a ciência é capaz de definir ou compreender, porque não se trata somente da ciência ou aplicação de protocolos ou técnicas, mas, antes de tudo, da compreensão que devemos ter de modo individualizado e humanizado. Primeiro porque suas almas são puras, sem maldades e sem dogmas. Mesmo sabendo de tudo isso, existe meu lado profissional que, na maioria das vezes, precisa contrariar todos os meus pensamentos de pureza e ir contra essa magia, não que eu queira, mas sim porque no mundo em que vivemos não há espaço para tanto amor e pureza que vêm dessas crianças. Sabemos que temos a obrigação de prepará-las para o mundo, ainda que este não seja perfeito ou não esteja preparado para recebê-las.

É importante ressaltar que, assim como cada criança tem a sua personalidade, seu jeitinho, cada família também chega das formas mais variadas e diferentes e, na maioria das vezes, com muito sofrimento e marcas no coração. Então, pensei em uma maneira de acolhê-las não só como fonoaudióloga, mas como ser humano que sou também. Tentar colocar-se do outro lado não é nada fácil, até porque cada um tem a sua dor. Não é à toa que me tornei amiga de muitas mãezinhas e paizinhos que também já me estenderam as mãos quando precisei e quando preciso, sei que posso contar com eles fora do consultório. Não se trata somente de ajudar, mas sim de ser ajudada. A partir do momento que os acolhemos, também somos acolhidos.

Cada ida e vinda, cada evolução da criança, uma palavrinha adquirida, cada gesto, cada articulação é mais que gratificante, é inexplicável. É o fruto não só do meu trabalho, mas de toda a equipe multidisciplinar e da família, pois jamais caminhamos sozinhos nessa luta. Cada caso é raciocinado e cuidadosamente planejado, não se trata de "receita e bolo".

Claro que precisamos de dinheiro para sobreviver, mas, depois de alguns anos atuando na área em diversas especialidades, pude perceber a grande responsabilidade não só como profissional, mas também moral e espiritual; isso envolve comprometimento e respeito com o público que espera ser ajudado. Confesso que não consigo descrever a sensação prazerosa que ainda tenho de poder ajudar alguém. Independentemente de nível social, cor, raça, credo, profissão etc., logo penso que nunca conseguiria exercer outra profissão na vida, poderia até agregar, mas nunca deixaria a Fonoaudiologia. Claro que no início não foi nada fácil, pois, quando recém-formados, não temos muito discernimento do que devemos fazer ou qual caminho seguir. Mas, com o passar do tempo, vamos entendendo que a vida nos direciona gradativamente rumo ao nosso objetivo e que, trabalhando com dedicação e carinho, tudo se resolve da melhor maneira.

Atualmente, atuo no meu consultório, não desmerecendo em nenhum momento os lugares em que trabalhei, porque todos foram experiências que me tornaram a profissional que sou hoje, além de ter conquistado muitos amigos, colegas de profissão, entre outros e em diversas áreas. Um exemplo concreto é este: a amizade antiga com a neuropsicóloga e psicóloga Nathália Malagone, que carinhosamente me convidou para fazer parte deste lindo trabalho.

Depois de ter atuado em vários lugares, no último em que trabalhei passei por algumas situações delicadas. Um dia, ao chegar em casa aos prantos, sem saber o que fazer em meio ao desespero, pedi orientação a Deus e Ele me intuiu. Na mesma hora comecei a verificar todos os contatos profissionais na minha agenda de maneira cautelosa e lembrei-me de uma neuropsicóloga muito querida. Ao contactá-la, carinhosamente ela me escutou e, na sequência, me ofereceu para sublocar sua sala, que até então era compartilhada com outra querida profissional pedagoga. Eu as conheci em outra clínica há muito tempo, mas não sabia que ambas me ajudariam tanto. Ao olhar a sala toda linda e decorada com muito bom gosto, até chorei de emoção, mesmo sabendo que não era minha, mas isso era o que menos importava, porque meu coração só sentia gratidão. E, por acaso, ouvi dizer que quanto mais gratos somos, mais recebemos, pude constatar na prática o quanto isso é de fato verdade.

Lá, comecei os atendimentos sozinha – digo sozinha porque não tinha nenhum outro profissional ao meu lado de forma física, que estivesse presente como eu estava acostumada. Não imaginava que toda minha bagagem e credibilidade na Fonoaudiologia renderiam tantas alegrias até hoje, pois em nenhum momento pensei em desistir dessa linda profissão, muito pelo contrário, quanto mais dificuldades passava, mais pensava em estudar e aprender, por mais difícil que tenha sido.

De maneira gradativa, os pacientes começaram a aparecer cada vez mais, e, de repente, foi preciso adquirir uma sala, na qual estou até hoje.

Meu trabalho se resume ao amor, à dedicação e ao respeito que tenho com meus pacientes, sejam eles típicos ou atípicos. O objetivo é para que tenham evolução e, mais que isso, sigam suas vidas na sociedade e se tornem grandes pessoas e ótimos profissionais. Seja qual for a escolha de cada um, quero estar presente quando estiverem no pódio, pois estarei lá como fonoaudióloga e como Daniela Máximo, para aplaudi-los de pé e saber que um dia fiz parte da história da vida de cada um deles.

A vocês: profissionais, fonoaudiólogos, pais e pacientes, dedico toda minha superação, porque enquanto muitos disseram para que eu desistisse, ao contrário, segui. Dedico também todo meu carinho e todo meu amor a cada um de vocês e agradeço o aprendizado que também tive e tenho com cada um. Gratidão eterna!

# CAPÍTULO 06

## Não desista!

### Superação e resiliência no âmbito acadêmico

Neste capítulo, será abordada toda a trajetória desde o início da graduação em Psicologia até os dias atuais, com seus desafios, dificuldades, coragem e muita persistência, o que resulta em uma vida profissional de amadurecimento e realização.

Janaína Fialho Pongeluppe

## JANAÍNA FIALHO PONGELUPPE

Psicóloga graduada pela Universidade Cidade de São Paulo (Unicid), com pós-graduação em Análise do Comportamento Aplicada Infantil: Práticas e Recursos Terapêuticos Baseados em ABA (CBI of Miami). Capacitação e aperfeiçoamento em psicoterapia clínica para crianças e adolescentes, Análise do Comportamento Aplicada à infância e adolescência e parentalidade (Instituto Par). Pós-graduanda em Terapia Cognitivo-Comportamental (CBI of Miami). Formada em ABA (Análise do Comportamento Aplicada), já trabalhou como acompanhante terapêutica. Psicóloga clínica e supervisora de casos no Núcleo Infantil Nathália Malagone, com crianças e adolescentes. Psicóloga clínica com abordagem Terapia Cognitivo-Comportamental e analista do comportamento. Preceptora na Universidade Cidade de São Paulo. Seu diferencial é ser apaixonada pelo auxílio no desenvolvimento pessoal.

**Contatos:** psicojanainapongeluppe@gmail.com
Instagram: @psicojanainapongeluppe
11 96276 7420

Minha vida acadêmica começou logo que saí do ensino médio regular. Eu não sabia o que iria cursar, até que no meu último ano da escola passei a me interessar pela Psicologia, por meio de um professor de Filosofia, que também era psicólogo. Dentro da sala de aula, fui surpreendida por diversas atividades que ele realizava relacionando com a Psicologia, e foi a partir dali que comecei a me interessar pela profissão. Realizei pesquisas sobre o curso, faculdades, grades curriculares e tudo ali parecia se encaixar com meus interesses.

Após pensar nas diversas opções de instituições de ensino, escolhi uma delas e me matriculei. Porém, não sabia o que estaria por vir. Passei por diversas dificuldades ao longo de um ano e meio de faculdade, me deparei em momentos de imensas dúvidas, parecia que nada me ajudava naquele momento. Foi quando decidi trancar o curso, pois já não estava mais fazendo sentido na minha vida. Com isso, veio à tona o sentimento de frustração, me sentia decepcionada comigo mesma, confusa, triste, com raiva e até mesmo sem rumo. Eu não me via fazendo curso nenhum que não fosse a Psicologia, mas do jeito que a minha vida pessoal estava desorganizada, eu não conseguia me centrar no âmbito acadêmico, tampouco podia custear o investimento de uma terapia que me ajudasse na época.

Fiquei um ano sem estudar, foquei na minha vida pessoal, precisava organizá-la para que retornasse aos estudos. Nesse meio tempo, tive dúvidas da minha vida profissional, sempre me perguntava se era o que queria e, principalmente, se eu era capaz de realizar e concluir um curso tão difícil e que exige tanto. Essa era uma realidade sobre mim, sempre me colocava em uma posição inferior, de duvidar da minha capacidade frente às conquistas que almejava, foi assunto de longo tempo de terapia para conseguir me libertar desse sentimento que acabava me limitando e que, de fato, a minha insegurança me sabotava bastante. Então, realizei pesquisas sobre diversos cursos de graduação, mas nada ainda fazia sentido para mim como a Psicologia. Foi quando decidi novamente me matricular em outra instituição (Unicid – Universidade Cidade de São Paulo), diferente da primeira, e começar a graduação do zero.

Retomei a minha vida acadêmica em 2016. Eu tinha 20 anos, estava muito mais focada nos estudos e nas matérias, e hoje eu vejo que foi a melhor escolha que fiz, pude me aprofundar e aprender muito mais, amadurecer e seguir. Durante o curso, passei por muitas dificuldades, até mesmo financeiras, o que, mesmo assim, não me fez desistir de forma alguma. Buscava de todo jeito uma oportunidade de estágio em Psicologia para conseguir estar cada vez mais imersa na profissão, porém foi difícil e demorada essa busca.

Após longo tempo de procura, em janeiro de 2020 consegui a oportunidade de um estágio remunerado de Psicologia na Ouvidoria da Prefeitura de São Paulo, onde eu deveria realizar atendimento ao público. Dado início, trabalhei por apenas um mês no modo presencial, e em fevereiro a pandemia da Covid-19 veio e o rumo do meu estágio e vida acadêmica mudou bastante. O trabalho precisou ficar completamente remoto, bem como a faculdade, que, por sua vez, necessitou fechar as portas e, naquela época, os estágios estavam apenas começando. Foi um momento muito difícil para todos, não se sabia ao certo o que aconteceria. Com o decorrer do tempo, fui me habituando à nova realidade, e com a melhora de números de casos da Covid-19, os atendimentos de estágio presenciais foram retomados, quando pude, então, ter a experiência necessária em atendimento clínico. Nessa jornada, tive diversas matérias, supervisões e pude me identificar com algumas abordagens. Quando comecei a estudar mais sobre a análise do comportamento e a terapia cognitivo-comportamental, os meus olhos brilharam, ali eu conseguia ter uma melhor compreensão de trabalho, foi a abordagem com a qual eu mais me identifiquei e tive mais facilidade e compreensão no decorrer do curso.

O tempo foi passando, e no início de 2021 fui indicada como estagiária de Psicologia para trabalhar como acompanhante terapêutica (AT). Na época, pouco se falava sobre essa atividade, e eu também não sabia muito bem sobre a área, mas me vi com uma oportunidade enorme de dar continuidade na minha área acadêmica, desta vez com um olhar mais clínico, que era o meu objetivo. Aceitei a proposta e fui atrás de capacitação, realizei cursos, tive minha formação em Análise do Comportamento Aplicada (ABA) e desenvolvi técnicas para aplicar o trabalho solicitado. Tudo para mim era novo, era o meu primeiro caso como AT e com uma criança com diagnóstico de transtorno do espectro autista (TEA), mas não pensei duas vezes, achei incrível o trabalho que ali poderia desenvolver.

Foi então que conheci a Nathália Malagone, idealizadora deste livro, na época psicóloga responsável pelo caso da criança, que automaticamente passou a ser minha supervisora e orientadora do caso. Ali começava nossa linda caminhada juntas, um laço de parceria, em primeiro lugar, e uma construção incrível de amizade acima de tudo. Ao começar na prática, com todo o processo de ser uma acompanhante terapêutica, fui me encantando ainda mais pelo público infantil no geral. Fui estudando, adquirindo conhecimento e comecei a entender que estava no lugar certo. Com esse primeiro caso, pude me desenvolver constantemente e cada dia de trabalho era uma novidade, comecei como acompanhante terapêutica domiciliar e pouco tempo depois foi solicitado o meu trabalho no ambiente escolar, o que seria mais um desafio para mim. Aceitei a oportunidade, pois ali estava vendo a minha carreira crescendo aos pouquinhos com muita dedicação.

Durante o processo, a Nathália, como citado, esteve ao meu lado constantemente, me amparando, ajudando, orientando, supervisionando e, principalmente, acreditando no meu trabalho e no meu potencial. Ela via em mim uma capacidade absurda, o que até então eu mesma não conseguia enxergar, me cobrava demais e não me sentia capaz para tanto. Foi quando começaram a surgir novos casos em sua clínica e ela começou a me indicar para alguns deles. Então, nesse caminho, fui AT domiciliar e escolar, adquiri um conhecimento enorme. Devo salientar que esse tempo se deu no meu último semestre da faculdade. Assim que eu estava encerrando a minha graduação e pronta para me formar, Nathália me convidou para ser psicóloga infantil em sua clínica, ainda denominada Nathália Malagone Psicologia Infantil. Não pensei duas vezes em aceitar a proposta, vendo como uma ótima oportunidade, enquanto a minha verdadeira vontade era me tornar psicóloga clínica.

Assim que me formei, já dei entrada no meu CRP para poder exercer a função, e quando saiu o meu registro profissional abrimos a minha agenda para os atendimentos na clínica. Meu desenvolvimento foi crescendo, e depois de dois meses formada comecei a minha pós-graduação em Análise do Comportamento Aplicada à Infância e Adolescência. Nessa especialização pude adquirir muitas ideias, foi uma experiência extremamente enriquecedora para os meus atendimentos, colocava tudo o que aprendia em prática com os pacientes e não demorou para ver os resultados. Foquei bastante no estudo sobre ansiedade, emoções e sentimentos. A maior demanda que chegava eram crianças com medo excessivo, quadros ansiosos, timidez e defasagem nas habilidades sociais, consequência da pandemia.

Com o passar do tempo, me aprimorando cada vez mais, com estudos e inspirações de outros profissionais, comecei a ter ideias de recursos terapêuticos nos momentos lúdicos com as crianças, realizava estratégias para ajudá-las a enfrentar seus medos ou aquilo que causava angústia. Cada paciente que passou e ainda passa pelos meus atendimentos se torna um aprendizado diferente. Meu envolvimento com eles, o vínculo terapêutico que é essencial para todo tipo de público e tratamento me fazem ter uma motivação para além do imaginário. Poder ajudar a modificar, desenvolver e transformar a dificuldade de cada criança e adolescente é uma sensação incrível gerada dentro de mim e da minha criança interior.

Já sobre os meus atendimentos com adolescentes, o meu público dentro do Núcleo Infantil atualmente se faz com a maioria deles, tenho uma ligação e conexão muito forte com cada um. Para conseguir atendê-los da melhor forma possível, precisei entender que necessitava entrar no mundo e na realidade que eles estão vivendo agora. Durante todo esse tempo também, os casos de crianças e adolescentes com diagnósticos de transtorno do déficit de atenção e hiperatividade (TDAH) aumentaram na clínica, então precisei ir em busca de estudos, cursos e aprimoramento para dar o devido suporte a essa demanda. Poder ver e fazer parte da evolução de cada paciente me faz querer buscar ainda mais o aprendizado. Eles são os maiores motivadores e reforçadores que eu poderia ter no âmbito profissional.

Para continuar a minha trajetória até os dias de hoje, dentro do Núcleo Infantil, também tive a oportunidade de começar a trabalhar com supervisões. Devido à alta demanda de pacientes e ao crescimento da clínica com mais profissionais, Nathália me propôs ser supervisora dos casos de psicologia infantil. A proposta me deixou muito feliz, pois naquele momento consegui enxergar meu próprio desenvolvimento e desempenho como psicóloga. Orientar, desenvolver estratégias eficazes de intervenção, técnicas e aperfeiçoar habilidades clínicas e experiências já vividas, me fez descobrir mais uma nova paixão.

Quando comecei a realizar as supervisões, entendi como aquilo se tornou especialmente importante para mim e para minhas colegas de trabalho. Poder orientar, acompanhar e ver o desenvolvimento profissional e, principalmente, a evolução dos casos em si me enche de alegria. O meu trabalho como supervisora me faz acreditar em mim mesma, estar segura de que todo meu esforço, toda minha dedicação e qualidade nos estudos me trazem benefícios em poder auxiliar técnica e eticamente outro profissional.

Com mais de três anos de formação, devo dizer que profissionalmente sou realizada e amo o que faço. A trajetória não foi fácil, no começo me senti perdida, e mesmo tendo certeza de que queria ser psicóloga clínica, ainda assim era insegura, me sabotava constantemente, tinha pensamentos disruptivos que não me ajudavam e me paralisavam. Conforme o tempo foi passando, fui trabalhando, estudando e me aprimorando cada vez mais e, atualmente, minha trajetória de busca incessante pelo conhecimento não parou, hoje estou realizando a minha segunda pós-graduação em Terapia Cognitivo-Comportamental, sou psicóloga clínica da infância e adolescência no Núcleo Infantil, faço atendimentos também de modo remoto com adolescentes e adultos, sou supervisora de psicologia infantil tanto para a clínica quanto no particular e sou preceptora na Universidade Cidade de São Paulo, também auxiliando na supervisão e trabalhando com alunos que estão estagiando no curso de Psicologia.

Com isso, quero entregar este capítulo com muito carinho e dizer que a persistência naquilo que amamos e acreditamos nos traz a possibilidade de vivermos felizes e realizados com o que escolhemos. Eu amo o que faço e sei que começar e, principalmente, recomeçar a faculdade me trouxe experiências, vivências, amadurecimento, oportunidades e pessoas que talvez em outro momento eu não tivesse chance de ter em minha vida. Recomece quantas vezes forem necessárias, persista e acredite sempre no seu potencial.

# CAPÍTULO 07

## Cada um tem seu próprio mapa

### Siga as linhas do seu coração

Na escola, minha matéria favorita era matemática, e eu nunca imaginei que seguiria um caminho nas áreas de humanas ou biológicas. Sempre gostei das exatas, mas, ao mesmo tempo, me encantava pelo mundo infantil. Com o tempo, à medida que crescia e conhecia novas possibilidades, o leque de opções se expandiu. Foi assim que, ao me deparar com as profissões da minha família, o interesse por algo mais ligado ao universo humano e emocional surgiu, me levando à psicologia infantil. Ser psicóloga de crianças é, para mim, uma forma de crescer junto com elas, ajudando a traçar seus próprios caminhos enquanto sigo o meu.

Jennie Akemin Yoshida

## JENNIE AKEMIN YOSHIDA

Psicóloga graduada pela Universidade Anhembi-Morumbi (UAM), terapeuta Paediatric Autism Therapy Communication (PACT) e analista do comportamento. Atualmente, atua como psicóloga clínica para o público infantojuvenil na clínica Núcleo Infantil (SP) e de maneira remota para adultos. Especialização em Análise de Comportamento Aplicada à Infância, Adolescência e Parentalidade em andamento. Valoriza uma prática clínica fundamentada em evidências, pautada pelo respeito à infância, pela ética profissional e pela importância do afeto e da empatia. Acredita que cada criança é única, e seu compromisso é contribuir para o seu desenvolvimento saudável e ser um apoio constante, tanto para as crianças quanto para os pais, ajudando a navegar os desafios do desenvolvimento infantil. Além do cuidado técnico; seu objetivo é fortalecer os vínculos familiares, ajudando pais e filhos a se entenderem melhor e a evoluírem juntos. Em cada atendimento, busca acolher com sensibilidade e compaixão, respeitando os limites de cada família e incentivando sempre o aprendizado mútuo.

**Contatos:** psijennie@gmail.com
Instagram: @jennie.psi
LinkedIn: Jennie Yoshida

Sempre tive um contato muito próximo com a minha família. Muito mesmo. Um prédio da família, onde as portas viviam abertas. Eram muitos tios, padrinhos, primos e avós que cresceram do meu lado e cresci me sentindo acolhida. Aos meus quase cinco anos, meu tão pedido irmão chegou e é meu grande companheiro nessa jornada. Apesar de inúmeros conflitos, me orgulho muito dele.

Além dos meus pais, que nunca deixaram faltar nada em casa, e os admiro pelos valores que carregam, vivia a maior parte do meu dia com quem agregou tanto na minha educação: minha *Batian* (avó), que é a pessoa mais amorosa que eu conheço, e meu avô, que sempre me tirava dos castigos e que hoje é de quem sinto mais saudades.

Na família tive algumas referências acadêmicas como USP e Stanford (que ainda são minha meta, orgulho e inspiração) e à medida que crescia, fui tendo muitas cobranças relacionadas ao meu desempenho e a expectativa era grande, gerando consequências positivas e negativas. Entretanto, sempre me motivaram e me apoiaram por qualquer escolha que eu fizesse, e isso foi muito importante para mim.

Não vou falar que Psicologia foi minha primeira opção, porque não foi. Ela não foi nem a segunda e nem a terceira.

Estudei em uma escola por 12 anos e entrar em uma escola nova no ensino médio não foi fácil. A quebra de expectativa que eu tive e os planos que tinha imaginado para mim e meus amigos e o distanciamento foi o que mais me machucou.

Era uma realidade diferente da minha, fui de escola particular para a escola pública. Fui de uma escola variada de meninos e meninas para uma sala com quatro meninas e 46 meninos. Ninguém se conhecia e todos estavam escrevendo uma nova história.

Conforme ia me adaptando, fui me abrindo a novas amizades, ganhando aceitação e confiança. Desde a minha infância, sempre fui um pouco mediadora e me sentia bem neste papel. Era importante para mim trazer um pouco mais de conforto para aquele que sofria bullying, aquele que não era aceito, aquele que tinha dificuldade acadêmica, aquele mais tímido e até aquele mais "descolado". Isso teve um impacto muito positivo em minha vida e espero que tenha gerado algum efeito positivo na vida deles. É muito bom não ter medo nem vergonha por você ser quem realmente é.

Às vezes, vejo que as pessoas valorizam muito o que elas têm para externar, seja ela uma piada, uma brincadeira, um bem material e às vezes esquecem de valorizar também o que o outro é por dentro e oferece ao próximo. É muita riqueza escondida dentro de cada um e as pessoas precisam disso.

Muitos pensamentos e idealizações foram quebrados durante o ensino médio. Dei valor a coisas que nem imaginava que eram privilégios. Dei mais valor à humildade, em como as pessoas tratam as outras e como isso de fato impacta na vida das outras pessoas.

De início, o curso me agradou muito, mas a cada linguagem apresentada, me dava conta de que aquilo não era para mim.

Aos 16 anos, comecei a trabalhar em um buffet infantil e tive que lutar contra uma superproteção para ganhar mais autonomia, experienciar o primeiro salário e o transporte público. E, assim, o buffet fez parte da minha vida por quatro anos.

Realizei muitas funções como monitora, cuidei do algodão doce, cascata de chocolate, fui recepcionista e garçonete. Com essa vivência, percebi que sentia muito prazer em estar com as crianças, o que era um diferencial.

Durante o ensino médio, adquiri mais responsabilidade, como grêmio estudantil, representação de sala e passei a me esforçar e me dedicar mais ao trabalho.

No terceiro ano, uma vaga remanescente surgiu em uma ETEC mais reconhecida, e logo minha transferência já tinha sido feita. De novo, me vi no mesmo cenário, mas agora em uma escola muito maior, onde todos se conheciam e no ano do TCC.

Primeiro dia de aula: formação de grupo de TCC. E agora? Ninguém me conhece. E se eu não conseguir programar sozinha? E se não gostarem de mim?

Durante todos esses momentos me deparo com pessoas mais que especiais e acredito que coincidências não existem e nada é por acaso. E foram eles e a ajuda lá de cima que fizeram com que, junto com as lágrimas, viessem a força e a esperança de dias melhores. E assim foi. Diferentemente do que estava acostumada, a sala sempre foi muito unida, cada um com seu jeitinho único.

Aos poucos, fui percebendo que somos um pacote de sementinhas. Precisamos de lugares e pessoas novas para espalhar cada vez mais sementes. Essas plantações agregam muito em nossa história também. Afinal, todos temos dentro de nós algo que pode ajudar o próximo.

## TCC entregue com sucesso, e agora?

Se não é informática o que eu quero, o que pode ser? Talvez administração para ajudar na loja do meu pai ou até mesmo a pedagogia…

Lembro-me das noites em claro, me sentindo perdida, pensando em mil e uma possibilidades que poderia ser e nada fazia sentido. Muitos testes vocacionais de internet, muitas possibilidades e nada certo. Rezei e pedi muito para os espíritos me ajudarem. Tudo tem sua hora. Algumas sementes demoram mais que outras para florir.

Lembrei-me de uma avaliação que fiz com uma psicóloga quando pequena e que amava. Nossa, mas Psicologia é muito diferente… Deixa eu ver a grade… Me identifiquei… E muito.

Optei por ingressar em uma faculdade de Psicologia que me oferecia a possibilidade de complementar os estudos fora do país, mas a pandemia acabou dificultando esses planos.

No meu primeiro ano de faculdade a motivação era grande. Tenho saudade até da preocupação pré-prova prática de neuroanatomia. No primeiro dia criei laços que tenho até hoje. E era tanto assunto gostoso, que brilhavam os olhos. Claro que tinham aqueles chatinhos também. Quem passou pela faculdade sabe que nos primeiros anos a gente se sobrecarrega de teoria.

Me encantei por cada pedacinho e criei um carinho especial por neuropsicologia, avaliação psicológica, análise do comportamento e desenvolvimento humano.

Tem uma fala que muitos professores repetem para os alunos desde o primeiro semestre. Todos sempre perguntaram: faz terapia? Se não faz, precisa começar. Uma delas se justificou e eu nunca esqueci.

*Nós somos nosso próprio instrumento de trabalho. Quanto melhor estivermos, melhor vamos oferecer ao próximo.*

Essa frase fez muito sentido para mim. Ganhando autoconhecimento, trabalhando em nós mesmos, também impactamos no outro. E é assim não somente no trabalho, mas com amigos, familiares e pessoas que nos cercam.

Comecei meu processo psicoterapêutico no primeiro ano da faculdade. Tinha 18 anos. E foi minha mãe que me levou. Tinha feito recentemente minha primeira prova prática da autoescola e me vi ansiosa e no fundo do poço porque não tinha passado. Minha primeira psicóloga era da TCC (Terapia Cognitivo-Comportamental) e esse foi meu primeiro contato com a abordagem.

Acontece que não conseguimos controlar o vento, mas podemos direcionar a vela do barco e é assim com nossas emoções. Às vezes não podemos controlar o que nos acontece, mas podemos controlar como agir nesses momentos. A vida não é uma corrida. Cada um tem o seu tempo e isso não diz menos de você e nem define quem você é.

## Ano de 2020. Pandemia. Ano de mudanças e de superação

Durante a faculdade, meu gosto por fazer apresentações no PowerPoint se intensificou e me ajudou muito. Eu sou uma pessoa bem tímida, apesar de não parecer às vezes, mas a maioria sabe. Sou menos tímida com quem me sinto mais à vontade. E em todos os grupos de faculdade, fazer apresentações me livrou de ter que falar em público. Principalmente quando era um ambiente onde muitos comentavam de modo negativo sobre os outros, o que gerava inseguranças.

Foram meses bem desafiadores, mas de muitos frutos também. Um desses frutos foi minha doguinha: a Luna. Com ela, coloquei em prática todos os ensinamentos da análise do comportamento desde filhote e me apaixonei. Aquilo fazia muito sentido.

Quando os colegas da sala começaram a trabalhar como AT, eu conheci o melhor de dois mundos: análise do comportamento e crianças. Antes disso, quando me imaginava exercendo a profissão, me imaginava apenas com adultos.

Minha primeira experiência foi estagiando em uma clínica multidisciplinar para ser AT de um menino recém-diagnosticado com TEA. A supervisora e a família eram muito receptivas e carinhosas. Foi uma época com muitos desafios e aprendendo muitas coisas novas. Atendi em clínica e em domicílio pela primeira vez. E, aos poucos, foram surgindo mais oportunidades para atendimento domiciliar.

Logo depois, recebi a oportunidade de ser AT escolar com mais horas de trabalho em outra clínica multidisciplinar. Comecei em uma escola pequena até a adaptação para uma escola bem maior. Ali, diferentemente da última escola, não havia outras ATs comigo, pelo contrário, eu era a primeira da escola. E era um desafio prazeroso. Poderia inserir uma experiência positiva. Queria que aquela experiência fosse boa para todos. Sempre foi muito gratificante ver evoluções não apenas do seu, mas de todas as crianças.

Nesse meio-tempo, chegaram os estágios da faculdade, o frio na barriga chegou junto e a animação também. Coincidência ou não, todos os meus estágios foram em escolas/creches ou com crianças.

Meu primeiro estágio ainda foi on-line, e entre meus estágios, consegui atuar em lugares públicos e privados, intervindo com professores, crianças, adolescentes e adultos. Foram feitas desde orientações profissionais com adolescentes, orientação escolar com professores focada em neurodivergentes, intervenção com alunos de nutrição, CEI e CEC, dinâmicas com alunos do EJA, dinâmicas com moradores de rua e inserção no CAPS Infantojuvenil. Cada uma dessas experiências foi mais que especial. Descobri em mim mesma novas habilidades, me desafiei em diversos momentos e superei dificuldades. Colegas de grupo e os profissionais de cada um desses lugares também fizeram a diferença para a efetividade de cada intervenção. Cada vivência me agregou muito como pessoa e como profissional. Vi as diferenças do público mais vulnerável, e observar como cada profissão acrescenta no ambiente e como o trabalho multidisciplinar é mais efetivo quando é alinhado.

A partir do oitavo semestre, tive o início dos atendimentos na clínica-escola, primeiro focada em avaliação psicológica e logo após, psicoterapia breve. Tive a oportunidade de escolher as abordagens que gostaria de seguir no estágio e a chance de escolher entre clínica e social. Vi-me dividida entre duas abordagens: TCC e Análise do Comportamento. E foi nesse mesmo ano que ampliei meus horizontes e vi que Análise do Comportamento não era apenas ABA (Análise do Comportamento Aplicada).

Após um ano, e com alguns cursos em andamento, realizei um curso de Denver (Intervenção Precoce) com uma pessoa que admirava pelas redes sociais. Esse curso me deixou com olhos brilhando, e minha admiração pelo lugar aumentou.

Recebi, coincidentemente, algumas indicações para esse mesmo lugar do curso: o Núcleo Infantil, fato esse que me motiva e é onde percebo que algo de bom e certo devo estar fazendo.

Comecei como AT e como estagiária ajudando nas avaliações neuropsicológicas e me identifiquei muito com a área. A Jennie de exatas juntou de novo o melhor dos dois mundos.

Com a chegada do CRP, tive a oportunidade de me tornar psicóloga clínica no Núcleo Infantil para atendimento infantojuvenil e a possibilidade de atendimento de forma remota a adultos e idosos, que, durante os atendimentos de estágio clínico, me despertou um forte interesse.

O carinho, os resultados positivos, os sorrisos no rosto com toda a família e equipe me mostram que a dedicação e o esforço sempre valem a pena.

É muito gratificante para mim. Não consigo expressar quão gratificante é ajudar vidas, ver a evolução e a superação de cada um, inspirar, gerar autoconhecimento, qualidade de vida e muito mais...

E é importante não esquecermos também que não existe apenas o lado psicóloga em nós. Precisamos ter espaço para sermos nós, sermos vulneráveis, fazer o que nos aproxima de quem queremos ser e viver de acordo com seus valores. A *skin* Jennie também é suficiente e a *skin* psicóloga não precisa estar ligada a todo momento.

Nem tudo foi fácil. Ainda me pego com muitos pensamentos de autocobrança e sentimento de quero mais. Quero fazer mais, saber mais, ser mais. Afinal, é uma área em constante crescimento, na qual o conhecimento e as formações demandam muito tempo, dedicação, atualizações e dinheiro.

Minha história é muito pouca, comparada às várias histórias que passaram por mim e que ainda vão passar. Esse é só o começo da minha história, afinal não faz muito tempo que me formei, mas não podemos esquecer de nossa trajetória e conquistas até aqui. Meu objetivo com este capítulo é iluminar ideias de pessoas que podem estar passando por caminhos similares e trazer alguma reflexão.

Alguns momentos foram muito difíceis, mas nunca estive sozinha e a fé também esteve comigo durante toda a minha vida.

Dentro de mim ainda habitam sonhos e a esperança de um mundo melhor e a vontade de oferecer cada vez mais. Quem sabe o que o futuro (aqui e lá fora) me reserva?

Obrigada a cada anjo que me ajudou nesse processo. Vocês foram fundamentais.

CAPÍTULO 08

# Comunicação alternativa é expressão de amor

Qual o papel dos profissionais de Psicologia na formação de crianças autistas? Jéssica teve sua trajetória de vida entrelaçada com crianças autistas desde menina. Quando adulta, criou um modelo de trabalho voltado a profissionais e familiares, abordando a aplicação da Comunicação Alternativa e Aumentativa (CAA) para fomentar habilidades sociais e comunicativas, com enfoque em uma abordagem interdisciplinar e individualizada.

Jessica Mayara Rodrigues Alves

## JESSICA MAYARA RODRIGUES ALVES

Mestra em Distúrbios do Desenvolvimento pela Universidade Presbiteriana Mackenzie e Psicóloga formada pela Universidade Paulista, com abordagem em Análise do Comportamento. Atua há mais de dez anos na área do Autismo. Diretora da clínica Little Jess – Desenvolvimento Infantil, atua como psicóloga clínica em Intervenção ABA, Autismo, Intervenção Precoce e Comunicação Alternativa e Aumentativa (CAA). É supervisora clínica, realizando avaliações, orientação parental, suporte escolar e treinamentos para professores e familiares. Pesquisadora na área de Comunicação Alternativa e Autismo, ministra palestras e cursos sobre Análise do Comportamento e CAA. Coautora dos livros *Tecnologias aplicadas em educação e saúde* e *atenção interdisciplinar ao autismo*.

**"Ensina-me de várias maneiras, pois sou capaz de aprender."**


**Contatos:** clinicalittlejess.com.br
clinicalittlejess@gmail.com
Instagram: @jessicamayarapsico
@clinicalittlejess
11 94048 4626

## O Guilherme

Eu chego na porta da casa do meu paciente.

Antes de entrar, ouço uma gritaria do lado de dentro:

— Eu não aguento mais!

Choro de criança, sentido.

A mãe grita outra vez:

— Eu vou colocar você para adoção. Por que você faz isso comigo?

Eu sinto um nó na garganta e sigo para o quarto do Guilherme, o mais rápido que posso.

Ele está de joelhos no chão, batendo a cabeça na parede.

A mãe reclama:

— Olha isso, Jéssica, eu não aguento mais.

Percebo que ninguém pegou os cartões de Comunicação Alternativa, então eu pego e ofereço para ele:

— Me mostra, Gui, o que você quer?

Ele pega o cartão, que indica banheiro.

*"Meu Deus!"*

Olho a carinha de choro dele e gentilmente o convido:

— Vamos!

No banheiro, vejo que sua fralda está cheia de xixi e ele todo assado.

*"Deve estar doendo!"*

Troco ele e o limpo.

As frases de lamentação da mãe só cessam um bom tempo depois.

Eu seguro o choro, não devo me envolver nos casos em que trabalho.

O Guilherme parou de chorar e voltamos para o quarto, onde continuei usando a Comunicação Alternativa.

Esse episódio aconteceu quando eu estava no meu último ano da faculdade de Psicologia e era estagiária.

O evento me marcou profundamente, porque o menino só queria trocar a fralda.

Era início da pandemia, os pais estavam sofrendo por trabalhar em casa e o meu paciente sofrendo também por ter deixado a escola que frequentava o dia inteiro para ficar preso no quarto. Então, a sucessão de dificuldades fez com que a sua condição dentro do espectro autista fosse ainda mais negligenciada.

Minha presença era sua única fonte de afeto.

Sinto um aperto no peito e percebo os olhos lacrimejarem.

*"Será que onde você está agora, está bem?"*

## O TEA, transtorno do espectro autista

É claro que o Guilherme não era uma criança comum, porque era autista, que significa uma condição que afeta o desenvolvimento neurológico e apresenta dificuldade no relacionamento social.

Eu fui chamada para trabalhar com ele como AT, Acompanhante Terapêutica, alguns anos antes, na sua escola, quando ele entrava às sete da manhã e ficava até às seis da tarde.

Apesar de ter sido uma experiência dolorida, ao mesmo tempo, foi muito rica, porque pude perceber a realidade que essas crianças vivem em escolas privadas, onde supostamente o conhecimento e o acolhimento deveriam ser melhores.

*"Mas não foi isso que aconteceu."*

Eu andava com o Guilherme para lá e para cá, tentando fazer com que ele fosse aceito em algum grupo, mas em vão. A discriminação está inserida no sistema, naturalizada no desconhecimento sobre o que é esse transtorno e na ignorância das pessoas em não se abrirem para essa compreensão.

Esse transtorno apresenta três características fundamentais: dificuldade de comunicação, socialização e padrão de comportamento restritivo e repetitivo.

Há três níveis, sendo o nível 1 quase imperceptível, o 2 com dificuldades médias e mais aparentes e o 3, quando o paciente precisa de ajuda constante, como o caso do Guilherme.

Ele precisava de ajuda para tudo, apresentava comportamento agressivo, nenhuma comunicação e vivia sob um quadro de negligência.

No caso dos pais do Guilherme, a mãe nunca desejou ter filhos. Ambos trabalhavam fora e aparentemente não viviam felizes no casamento. Tudo isso reverberava nas dificuldades da criança.

Suspiro e sigo para uma de minhas lembranças:

— Vamos pentear o cabelo, Gui!

Ele deixava que eu o penteasse, sinto que gostava da minha presença.

Eu continuava:

— Vamos cortar as unhas?

Ele sinalizava que sim.

Essas não eram tarefas minhas e eu fazia com pesar, mas não pelo fato de ter de fazê-las, mas pela comprovação da falta de atenção básica e amorosidade que ele vivia.

Ele passava muito pouco tempo com os pais. E ainda assim não era visto por eles.

*"Como melhorar a vida dessas crianças, meu Deus?"*

A minha trajetória com crianças autistas não começou pela Faculdade de Psicologia e nem pelo Guilherme, mas dentro da minha própria história.

Eu não sou autista e não tinha ninguém na minha família que apresentasse esse transtorno, mas os traumas que sofri na infância me levaram a me ver sozinha em um mundo onde não me sentia vista nem acolhida. E não sabia verbalizar isso.

Foi na terceira série do ensino fundamental que tive uma das experiências mais significativas da minha vida.

Eu o conheci...

Sinto vontade de chorar quando penso nele. E quando me lembro que não me recordo nem de seu nome.

Olho para cima, como se pudesse pedir perdão a Deus.

*"Você me perdoa?"*

Suspiro:

— Por que eu nunca me aproximei de você?

Ele, a quem me refiro, era um colega de classe autista, excluído, sofrido e sozinho.

*"Exatamente como eu!"*

Dia após dia, eu o observava na sala de aula e no intervalo. O quanto eu quis fazer por ele o que ninguém fazia por mim. Isso porque, de alguma forma, eu sabia que ninguém fazia qualquer coisa por ele.

Lembrar dele é algo que me dói até o momento presente, apesar de ter me perdoado por não ter feito nada, porque eu compreendi que não tinha maturidade de vida para ter feito.

Mas ainda me pergunto:

— Onde ele está?

Choro, inevitavelmente.

— Será que poderia estar ao lado do Guilherme agora?

O menino autista da sala de aula talvez tenha sido o meu melhor amigo. Não porque falava com ele ou fazia qualquer coisa ao seu lado, mas porque ele foi a minha maior conexão. Sua dor talvez confortasse a minha.

A minha vontade de fazer algo não foi o suficiente para me mover em sua direção. Por outro lado, foi algo que me moveu a vida inteira depois, porque sempre disse a mim mesma:

— Em frente, Jéssica! Você tem que fazer alguma coisa!

O incômodo que senti durante anos me levou a me tornar quem eu sou.

— Mestra Jessica Mayara!

## A Psicologia

— Muito prazer, sou psicóloga com mestrado em distúrbios do desenvolvimento e pesquisadora de Comunicação Alternativa!

Foi ele quem inspirou o meu caminho.

Foi ele quem um dia me permitiu estar ao lado do Guilherme.

Abaixo a cabeça e sinto vontade de chorar outra vez.

Foi essa trajetória de fuga, do que vivi na infância e da culpa por ele, que me colocou nesse exato momento.

A faculdade de Psicologia foi um caminho de cura para a minha dor. Nesse trajeto, tive a oportunidade de começar a estagiar com crianças autistas, que simplesmente me levaram a ele outra vez.

Finalmente, comecei a entender o que eu podia fazer, mas agora com maturidade e conhecimento.

Nos estágios, percebi o quanto as crianças autistas são abandonadas pela falta de conhecimento da sociedade como um todo, que reverbera nos pais, na família, na escola e, por fim, na criança.

A criança fica só! Negligenciada!

A história do Guilherme foi uma das mais marcantes da minha vida e uma das experiências profissionais e humanas que mais me ensinou.

Por meio do conhecimento que fui adquirindo no dia a dia e da importância da Comunicação Alternativa, fui tendo cada vez mais vontade de me aprofundar naquilo que sempre fez parte da minha vida, os estudos.

Após um período de dois anos na escola com o Guilherme, fui para outro lugar. Entre a despedida e o momento de reencontro, na pandemia, constatei que no período de distanciamento, ele tinha passado por várias psicólogas e regredido em tudo que tinha ensinado com a comunicação alternativa.

Ou seja:

— Por que não fizeram nada?

Assim como as escolas e as famílias não estão preparadas para atender crianças autistas, muitos profissionais também não estão, nem o sistema público de saúde ou privado, que muitas vezes exige o recurso da justiça para fazer valer os direitos de um autista.

Guilherme não era pobre, mas tinha asma e era obeso. Sofria exclusão a começar dentro de casa, quem dirá na escola, na rua, ou em qualquer local público?

A negligência emocional é a maior dor que uma criança autista pode sofrer e ela provém de todo lado.

Assim que conheci a minha futura supervisora de mestrado, Doutora em Comunicação Alternativa e criadora de um aplicativo chamado "Inclusive todos", a melhor ferramenta que existe no Brasil, para pessoas autistas, a tomei como exemplo a ser seguido.

Pessoas autistas são pessoas que sofrem, têm dores, necessidades, mas muitas delas não conseguem se comunicar.

Então, por que simplesmente não proporcionar isso a elas?

## Comunicação alternativa

Eu conheci os cartões de comunicação alternativa, no estágio, que são cartões com imagens que usamos para ensinar a criança a pedir o que precisa, como foi o caso do Guilherme.

Ele não falava, mas pegou o cartão com a imagem do banheiro e eu pude compreender o que ele precisava naquele momento.

Mas muitos profissionais e pais não se dispõem a aprender e a usar.

A minha supervisora de mestrado me apresentou ao seu App, onde é possível carregar imagens do que é importante para aquela criança, fica registrado no aplicativo e pode ser usado posteriormente.

Isso muda o mundo daquela criança. Não é um jogo de distração, mas a solução para alguém que não sabe se comunicar, assim como um aparelho auditivo para quem não escuta ou óculos para quem não enxerga.

Quando a família está junto nesse alinhamento, a gente decola!

Acredita-se que há múltiplas causas para o autismo: fatores genéticos, biológicos e ambientais.

O uso de medicamentos só é indicado quando surgem complicações e comorbidades, mas muitos acabam usando algo para uma solução, mais rápida e fácil, que não significa evolução da criança, porque a criança fica dopada e sem energia.

É assustador e triste!

## Como funciona?

Quem me procura sempre são um dos pais ou ambos, para quem eu faço questão de perguntar tudo.

Os pais, muitas vezes, nem percebem, mas eles podem ser a causa de maior sofrimento e não desenvolvimento de seus filhos. Isso, por uma maturidade de vida ainda não adquirida, de quem está lutando para pagar as contas e cumprir os compromissos do dia a dia.

O primeiro passo é quando eu pergunto quais as maiores dificuldades que eles estão enfrentando em relação à criança. Depois, questiono por que eles acham que isso está acontecendo.

Para os pais, essa descoberta é uma quebra de seus sonhos, alguns sabem lidar e aceitam, mas a maioria não, por isso a indicação de terapia, para que elas se abram para a criança que chegou, da forma como chegou.

Depois das entrevistas com os pais, vou conhecer a criança, me aproximar, desenvolver confiança, estando com ela. Depois vou fazendo testes para identificar em que nível de autismo ela se encontra e o que precisa ser trabalhado.

*"Tenho orgulho do meu papel neste mundo!"*

## Os profissionais

Essas crianças costumam ser hiperativas, sobem na parede, colocam-se em perigo, prejudicam a sala de aula e recebem reclamações constantes da escola. Com isso, muitos pais e profissionais optam pelo uso de medicamentos, sem uma tentativa de atendimento apropriado e comunicação alternativa.

O meu trabalho inclui constante contato com os médicos dessa criança, o neurologista e o psiquiatra, mas existe uma dificuldade de ser levada a sério por eles, que se sentem superiores ao trabalho da Psicologia. O que é puro desconhecimento, pois o contato amoroso, afetivo e comunicação alternativa fazem uma diferença significativa na qualidade de vida do autista.

Quando esse caminho não é seguido, quem mais se prejudica é a criança.

Por meio da comunicação alternativa, ensina-se a criança a pedir carinho, um abraço, e quando não aprende dessa maneira, muitas vezes ela vai puxar o cabelo de alguém, apertar, arranhar, porque quer ser tocada, mas não sabe expressar isso, então ela agride, pois por um toque forte ela recebe o que quer.

Na minha clínica, Little Jess, há pessoas que trabalham comigo, que fazem o papel que eu fiz com o Guilherme, lá atrás, quando estagiária. Elas acompanham na escola, atendem as crianças em suas casas e eu sou a supervisora desses profissionais, como responsável pelo caso, avaliação, planejamento etc.

É muito importante a comunicação constante com os pais, por isso, crio um grupo de aplicativo de conversa individual para cada paciente com seus pais.

## Adeus, Guilherme

— Ai, ai...

Escrever sobre o Guilherme é muito difícil para mim.

Ele é a prova do quanto o meu propósito de vida é importante, mas por mais que eu faça e queira melhorar a situação de crianças autistas, não é o suficiente.

O Guilherme faleceu um mês antes de eu escrever este capítulo, aos 14 anos de idade, devido a uma bactéria que atacou seu cérebro. Sua morte ainda me abala, porque ele não teve a vida e o amor que deveria ter tido.

Se antes o colega da terceira série foi um motivador deste propósito de vida, agora não só ele continua em mim, mas o Guilherme e as inúmeras crianças que encontro em meu caminho, porque a solidão que vivi quando menina ainda lateja em mim a cada criança que vejo sentindo essa dor.

O amor está em mim, nunca deixou de estar e atua a cada dia que passa na vontade de fazer o meu trabalho.

Eu ensino a Comunicação Alternativa porque ela é uma das suas únicas possibilidades de amor!

É uma expressão de amor!

Olho para cima…

*"Que você tenha finalmente encontrado a paz, Guilherme. Que esteja bem agora e sempre!"*

# CAPÍTULO 09

## A peça que faltava

Este capítulo narra a trajetória de uma terapeuta que aprendeu a lidar com seu diagnóstico a partir do seu trabalho com crianças com autismo.

Jéssica Moura

## JÉSSICA MOURA

Graduanda em Psicologia (Uninove), atua com crianças com autismo como acompanhante terapêutico desde 2021. Cursou Pedagogia (Eniac), mas durante o curso desenvolveu o hiperfoco em Análise do Comportamento. Desde então, tem dedicado seu interesse em estudos sobre Análise do Comportamento Aplicada (ABA) para pessoas com o transtorno do espectro autista (TEA). Amante de quebra-cabeças e autista nível 1 de suporte.

**Contato:** jmterapeutaaba@gmail.com

Eu era apenas uma auxiliar de classe quando descobri o que era Análise do Comportamento Aplicada (ABA). Fui chamada para auxiliar uma das professoras da educação infantil, e em sua sala tinha uma criança com autismo que necessitava de ajuda para realizar as atividades.

Naquela época, meu conhecimento sobre o transtorno do espectro autista (TEA) era básico, apenas o que havia aprendido na faculdade de Pedagogia, cheio de estereótipos como "autistas não gostam de contato visual", "autistas não gostam de toque", "autistas são agressivos", entre outras narrativas que vemos no senso comum. O aprendiz não se encaixava nesses estereótipos, adorava abraços, buscava por minha atenção frequentemente, mas apresentava resistência para realizar as atividades pedagógicas, sempre queria sair da sala e fugia das aulas com maior custo de resposta.

Como pedagoga, não sabia como lidar com os comportamentos dele, não tinha a mínima ideia de como manejá-los, tinha muito medo de desorganizá-lo e gerar uma crise. Do outro lado da sala, em um cantinho tranquilo havia uma criança com autismo sentada ao lado de uma mulher, em sua camiseta estava escrito em letras grandes "terapeuta ABA". Ao comparar as diferenças entre as crianças, percebi como o trabalho do acompanhante terapêutico (AT) era rico, e naquele momento decidi que era aquilo que gostaria de fazer para auxiliar no desenvolvimento do meu aprendiz.

Sempre tive dificuldades de interagir com as pessoas. Para iniciar uma conversa com alguém, era necessário ensaiar várias vezes sozinha e tomar coragem para falar, a voz muitas vezes era falha, muito baixa para o ambiente, o que gerava mais transtorno, pois repetir frases é um tipo específico de tortura para mim. Enquanto não conseguia iniciar uma conversa com a AT, decidi observá-la, reproduzir alguns manejos e estudar em silêncio.

Com pouca instrução, escrevi "terapia ABA" no Google e comecei a pesquisar. Comprei livros, fiz alguns cursos rápidos, depois de algumas semanas dei o primeiro passo e pedi para que a AT me ensinasse como auxiliar o meu aprendiz. Estava decidida a ser uma boa professora para aquela criança.

Poucos dias depois, a professora titular me chamou para uma conversa séria: por mais que o trabalho daquela AT fosse incrível, a sala inteira precisava de auxílio, não apenas o aprendiz com TEA. Ficou bem claro que meu trabalho era para todos e não só para ele. Foi um balde de água fria para a minha empolgação. A partir daquele momento, mudei minha forma de trabalhar, minha atenção se voltou à sala. Sem um plano de intervenção adequado, o aprendiz foi apresentando comportamentos de resistência mais intensos, isolando-se com frequência e permanecendo por mais tempo fora da sala.

Fui auxiliar nessa sala durante pouco tempo, e semanas depois decidi que não poderia mais ficar naquela escola. A minha pequena experiência com a AT foi o suficiente para pedir demissão e iniciar o processo de transicionar a minha carreira. Dediquei meses ao estudo da ABA, algo que logo se tornou um hiperfoco, fiz diversos cursos e me aprimorei no transtorno do espectro autista. Vendo um possível potencial no meu trabalho, a AT que conheci na escola chamou-me para participar da clínica em que trabalhava.

Minha transição profissional não foi planejada, apenas não suportava mais ver o sofrimento de crianças atípicas em sala de aula. Estava cansada de ver crianças com autismo sendo inviabilizadas, sem adaptações adequadas, sem perspectivas pedagógicas, um completo descaso. Decidi que, além de não compactuar com aquilo, eu seria a pessoa que faria a diferença na vida dessas crianças. Como um pequeno sonho utópico, não poderia ajudar todos, mas faria meu melhor dentro das minhas possibilidades.

Inicialmente, foi muito difícil romper com meus padrões restritivos e repetitivos, deixar de trabalhar como CLT foi uma quebra abrupta na minha rotina. A partir daquele momento, deveria ser responsável por definir meus próprios horários, lidar com mudanças rotineiras da clínica tendo autismo foi complexo, nessa época não possuía um diagnóstico, apenas uma pequena desconfiança que oscilava entre TEA e TDAH, porém, meus médicos negaram essa possibilidade por aparentemente não ter comportamentos típicos desses transtornos.

No início da minha trajetória, fui discriminada diversas vezes por psicólogos por ser pedagoga e AT, muitas vezes fui ignorada por outros profissionais por não ser psicóloga, mesmo tendo conhecimento o suficiente para entender e debater as práticas inadequadas implementadas, práticas que, na maioria das vezes, eram baseadas em achismos e não em ciência. No outro semestre, me inscrevi no curso de Psicologia. Na minha perspectiva inflexível, ter um CRP ativo seria uma maneira de provar meu conhecimento adquirido e ser minimamente respeitada. Hoje percebo que infelizmente cruzei com muitos profissionais antiéticos que sequer sabiam o que estavam fazendo, que visavam apenas agendas lotadas e retorno financeiro.

Como AT, passei por diversas escolas e casas, conheci diferentes crianças com autismo, nesse percurso reconheci muitos aspectos atípicos no meu próprio comportamento. Depois de anos de dúvida, decidi fazer a minha avaliação neuropsicológica. O processo avaliativo não foi fácil, me gerou muitas crises de ansiedade e um estágio longo de procrastinação. Durante o tempo de avaliação a minha vida estagnou, porém, receber meu diagnóstico foi um verdadeiro alívio, uma forma de me entender e aceitar todos os meus comportamentos fora da curva da normalidade que a sociedade típica havia imposto sobre mim.

Ter autismo e trabalhar com crianças com autismo me ajudou muito no meu próprio processo de autoconhecimento, além de ter me tornado mais empática comigo mesma, também mudou meu olhar terapêutico sobre muitas coisas. Como neurodivergente, reconheço a necessidade das estereotipias que muitas vezes são taxadas como vexatórias por serem diferentes, porém, para um neurodivergente, pode ser uma das melhores maneiras de lidar com situações que geram muita estimulação. Sinto na minha própria pele como é ter hipersensibilidade e como ter que realizar interações sociais pode sobrecarregar uma pessoa com autismo.

Com a experiência de atuar com crianças que apresentam inflexibilidade comportamental, reconheci meus próprios padrões inflexíveis, que muitas vezes me geram crises e extremo desconforto ao serem mudados. Ao passar do tempo, entendi quais pontos da minha personalidade necessitavam ser flexibilizados para gerar padrões comportamentais adaptativos e quais pontos seriam mantidos, respeitando os meus limites para não ter que recorrer ao *masking* social dos meus comportamentos neuroatípicos.

O *masking* social é uma prática comum entre pessoas com autismo, muito utilizada por mulheres, em sua maioria com nível 1 de suporte, que consiste em mascarar os sinais e comportamentos que são característicos no transtorno do espectro autista, moldando as interações sociais de pessoas neuroatípicas para se enquadrarem nos grupos sociais nos quais estão inseridos (Vasconcelos, 2022). Mascarar nossos comportamentos atípicos pode gerar diversas consequências, como crises de ansiedade, fobias sociais e síndrome do pânico.

Em minha história, o *masking* social reprimiu a minha identidade nos meus ciclos sociais, me moldei a realidades em que estava inserida e não aos meus desejos, e como sequela adquiri o transtorno de ansiedade generalizada (TAG). Foram necessárias diversas sessões de terapia para entender como me enquadrar na caixinha neurotípica, foi custoso para mim. Em conversas cotidianas, orientações parentais e escolares, como também na minha própria prática profissional, defendo o direito de pessoas com TEA de se expressarem em sua personalidade neuroatípica; afinal, hiperfocos não são apenas uma fase que irá passar, questões sensoriais não são bobagens, seletividade alimentar não é insignificante, déficits sociais não são apenas timidez, são aspectos que se manifestam de formas únicas, que devem ser analisados com ética, com assentimento e respeito.

Agradeço a cada criança que cruzou meu caminho, fui modelada enquanto modelava, ensinei sobre respeito enquanto fui ensinada a me respeitar, com vocês aprendi a acolher as minhas crises, a respeitar meus limites, a ser mais empática comigo mesma, vocês me ensinaram como ser mais flexível, como romper com barreiras sociais, a amar minha profissão, a vibrar por cada pequena conquista, muitas vezes sem a necessidade de palavras, mas sim com o comportamento.

## Referência

VASCONCELOS, V. C. Meninas e mulheres com transtorno do espectro do autismo: diagnóstico, reconhecimentos e vivências. *Repositório Institucional UFSCar*. São Paulo. Disponível em: https://repositorio.ufscar.br/handle/ufscar/15923. Acesso em: 15 ago. 2024.

# CAPÍTULO 10

## O desenvolvimento infantil

### Uma jornada de crescimento e neuroplasticidade

O texto explora o desenvolvimento infantil desde a gestação até a adolescência, destacando a importância dos primeiros mil dias de vida e a formação de vínculos afetivos seguros. Discute a influência das interações e estímulos no crescimento sensorial, motor, cognitivo e socioemocional, enfatizando a neuroplasticidade e a relevância de um ambiente enriquecedor para o pleno desenvolvimento da criança.

Karina de Souza Weinmann

## KARINA DE SOUZA WEINMANN

Neurologista infantil pela Santa Casa de Misericórdia de São Paulo (SCMSP). Membro da Sociedade Brasileira de Neurologia Infantil. Atua na área de Desenvolvimento Infantil e Transtorno do Neurodesenvolvimento há 16 anos.

**Contatos:** www.drakarinaweinmann.com.br
drakarinaneuroped@gmail.com
11 98473 5457

Minha paixão pelo desenvolvimento infantil surgiu antes mesmo de eu entrar na faculdade de Medicina. Sempre me encantou a capacidade que as crianças têm de aprender algo novo de modo rápido e eficaz. Ao longo dos anos, tive o privilégio de testemunhar essa jornada incrível, crescendo com as crianças, tanto na prática clínica quanto na vida pessoal.

Os primeiros mil dias de vida, desde a concepção até os dois anos, representam uma etapa em que o cérebro humano passa por um crescimento extraordinário, o que tem sido tema de muitos estudos na atualidade. Foi durante meu estágio em Obstetrícia que comecei a perceber a importância dessa fase da vida. Lembro-me claramente de uma experiência marcante: durante um exame de toque em uma gestante em trabalho de parto, senti o reflexo de sucção do feto no meu dedo indicador. Esse momento, que uniu ciência e emoção, despertou em mim uma curiosidade profunda sobre o desenvolvimento da vida intrauterina e além.

A interação precoce entre mãe e bebê é crucial para o desenvolvimento saudável. Com o tempo, aprendi o que já é bem respaldado pela literatura, a importância do afeto nesse processo. A voz suave de uma mãe, o toque carinhoso e o olhar atento formam as primeiras conexões neurais do bebê (Brito *et al.* 2017). Essa interação é fundamental para o estabelecimento de vínculos afetivos seguros, como descrito na Teoria do Apego de John Bowlby (Bowlby, 1988), formando a base para relacionamentos futuros. Marcos importantes como o reconhecimento de rostos e a resposta ao som começam a surgir também nesses primeiros meses de vida.

Frequentemente, recebo relatos de mães que sofreram com depressão pós-parto, retorno precoce ao trabalho ou precisaram, por algum motivo, terceirizar o processo de amamentação, rompendo a possibilidade desse vínculo antes mesmo dos seis meses. Outro dia, em um restaurante, observei a babá dando mamadeira para um recém-nascido na mesa ao lado e, em outra, um bebê de oito meses jogando os talheres no chão para chamar a atenção dos pais, que o repreendiam, repetidamente, e voltavam para seus celulares, sem perceber que aquele movimento era um pedido espontâneo de tempo de qualidade com eles (Chapman, 1997). Esses momentos moldam as futuras capacidades cognitivas e socioemocionais da criança, essenciais para garantir a interação com os pares e com o ambiente em que a criança está inserida.

Quando decidi fazer residência em Pediatria e, posteriormente, em Neurologia Infantil, fui tomada por uma grande vontade de entender os processos do cérebro em desenvolvimento. Ao trabalhar na UTI Neonatal, frequentemente me via observando atentamente os recém-nascidos em suas primeiras horas de vida. Enquanto explorava seus reflexos primitivos, imaginava a grande oportunidade proporcionada pela intervenção precoce em bebês prematuros, enquanto, naquele momento, o aleitamento materno era o seu maior desafio.

O primeiro ano de vida é marcado por um rápido desenvolvimento sensório-motor. A descoberta das mãozinhas e depois dos pezinhos dá início à maturação proprioceptiva e tátil, inaugurando a consciência corporal, importante para o desenvolvimento das demais funções (Grolnick & Barkin, 1978). Ao visitar a filha de uma amiga com sete meses na época, pude vivenciar a importância do objeto transicional nessa fase (Winnicott, 1953), manifestado pelo balanceio intenso do tronco e vocalização enquanto a mãe se afastava. Esse ato instintivo garantiu a sensação de segurança da bebê, que se extinguiu completamente ao reencontrar a mãe, sendo substituído por uma troca de olhares e sorrisos de satisfação.

A autonomia começa a ser conquistada por volta de um ano, quando a criança dá seus primeiros passos, um momento emocionante tanto para os pais quanto para o próprio bebê. Inicia-se uma grande exploração do ambiente pela criança e cabe aos pais apresentá-lo ao mundo com segurança, orientando e protegendo. No consultório, noto que os pais muitas vezes se surpreendem ao ver seus filhos subindo escadas sozinhos, com segurança e desenvoltura. Outros momentos, eu é quem sou surpreendida com uma menina de cinco anos me perguntando onde é o toilette, enquanto outro menino de 15 anos, segurando sua genitália gritando e pulando, volta-se para sua mãe avisando que precisa ir ao banheiro, instantaneamente sua mãe interrompe a nossa consulta para sair abrindo as portas para resolver um problema que ele já deveria ter assumido. A psicoeducação de pais nesses casos são a peça-chave para o ganho de autonomia.

Aos dois anos, a criança começa a desenvolver sua inteligência emocional, percebendo que tem autoridade e passa a testar os limites dos pais e cuidadores, momento crucial para determinar seu senso de territorialidade. A criança começa a compreender que toda escolha implica em uma renúncia, um conceito que aos seis anos já pode ser cobrado. Durante essa fase, é importante dar à criança duas opções para exercitar a tomada de decisão e não dar brechas para o comportamento inadequado. Certa vez, diante de um paciente de três anos que se recusava a colocar os sapatos, ofereci duas opções: colocar o sapato ou correr o risco de ter “bicho no pé”. Ele acatou rapidamente. O pré-escolar tem baixo poder de abstração, e a interpretação literal pode ser também um empecilho na comunicação entre os pares (Vygotsky, 1978).

As crianças me ensinam constantemente sobre a capacidade de superação do cérebro infantil. Certa vez, atendi uma criança, de dois anos e meio, trazida pelos pais com queixa de atraso de fala e inabilidade social. Ele passava horas sentado no chão, raspando objetos no joelho, intensificando esse movimento com o afastamento da mãe e reduzindo-os a cada aproximação dela. Após quatro semanas de orientação sobre A Teoria do Apego Seguro e estímulos sensório-motores, o comportamento começou a mudar, passou a guardar os brinquedos na gaveta raspando na borda, funcionalizando o movimento, entrando no espaço transicional (Winnicott, 1953). Com a intervenção certa e o apoio adequado, vi essa criança se transformar em um menino comunicativo e popular entre os amigos, com os quais transferiu toda a sua necessidade de segurança.

A maior prioridade, antes de fechar qualquer diagnóstico, deve ser a de identificar em que fase do desenvolvimento essa criança está e oportunizar a sua evolução, aproveitando sua janela de neuroplasticidade.

As crianças, após os três anos, já são capazes de formar frases mais complexas, contar histórias e participar de jogos simbólicos. Essa fase é crucial para o desenvolvimento da imaginação e da criatividade. Outro dia, na praia, vi uma menina de quatro anos vestida como a personagem Frozen, apesar do calor intenso. A mãe, constrangida, falou: "Ela quis vir assim." Achei lindo ver a mãe respeitar a decisão da filha, que estava vivenciando plenamente a fase simbólica de Piaget (1962), em que ela se sente a própria Frozen. Essas experiências pessoais enriqueceram minha prática clínica, permitindo-me aplicar teorias de grandes estudiosos do desenvolvimento infantil, como Piaget, Vygotsky, Winnicott, Freud e Montessori, em contextos reais e afetivos.

Dos dois aos seis anos, o desenvolvimento cerebral continua em ritmo acelerado, formando a base da personalidade da criança. Ao observar minhas sobrinhas brincando de faz de conta, pude ver como essas interações sociais são fundamentais para o desenvolvimento global, principalmente social e cognitivo. Sempre brinquei junto com elas, oferecendo tempo de qualidade e palavras de afirmação diante de cada conquista, ajustando a linguagem de amor conforme a faixa etária

(Chapman, 1997). Lembro-me de um paciente de quatro anos com o desenvolvimento completamente normal, sempre viveu em zona rural, mas, perdeu sua habilidade de fala e interação social, após ficar por três meses em exposição exclusiva a telas. Felizmente, tudo voltou ao normal após duas semanas de privação dos eletrônicos com estímulos adequados ofertados pelos pais. A mãe, aliviada, retornou dizendo: "Doutora, meu filho ficou autista por três meses".

A partir dos seis anos, o cérebro continua a se desenvolver, com um foco crescente na aquisição de habilidades mais complexas. Durante minha prática clínica, testemunhei como um ambiente repleto de estímulos adequados pode ser determinante para o futuro de uma criança, capacitando-a para o raciocínio lógico, a tomada de decisões, a assumir escolhas e resolver problemas, garantindo sua autonomia ao sair da zona de conforto, elaborando a sua autoestima. Nessa fase, o temperamento é moldado pelo ambiente, concluindo com a formação da personalidade aos seis anos (Caspi, Roberts & Shiner, 2005).

Dos oito aos doze anos, período puberal, vejo pacientes com brincos, cortes de cabelo variados, camisetas de time, imitando seus jogadores favoritos e, normalmente, buscando figuras do mesmo gênero para desenhar sua identidade (Leinbach & Fagot, 1993). Da mesma forma, as meninas, supervaidosas, com unhas pintadas e cabelo colorido, se inspiram em seus ídolos ou seguem a turma com que se identificam mais. Nessa fase, é ainda mais importante que os pais busquem ser a melhor versão de si mesmos, oferecendo uma excelente referência para seus filhos.

A adolescência é uma fase desafiadora nos dias de hoje, em que a maturação do sistema dopaminérgico oferece uma flutuação dos níveis de dopamina, aumentando o risco de adições (Crews, He & Hodge, 2007). Na era digital, é difícil convencer um paciente a deixar o celular de lado para aceitar um dos meus desafios, ferramentas que costumo usar para explorar suas funções executivas. Muitos pais relatam a dificuldade de variar estímulos nessa idade, pois as relações são estabelecidas praticamente nas redes sociais. Como os estímulos digitais alimentam o sistema de recompensa de maneira passiva, os adolescentes tendem a reduzir sua velocidade de processamento de informações, tornando-se mais desatentos, intolerantes, imaturos, sem iniciativa para assumir suas obrigações básicas e com repertório restrito de interesses. Vários estudos têm abordado esse fenômeno nas últimas décadas (Alexander *et al.*, 2019 e Lee, Kim & Choi, 2016).

Enfim, posso afirmar que a minha trajetória na neurologia infantil me ensinou que o desenvolvimento do cérebro infantil é um processo dinâmico e cheio de oportunidades para intervenção. Compreender os marcos do desenvolvimento e a importância de um ambiente seguro e estimulante é fundamental para ajudar cada criança a alcançar seu potencial máximo, garantindo a completa realização dos pais e a felicidade das crianças.

## Referências


ALEXANDER, S. *et al.* Impact of mobile phone screen exposure on attention performance in healthy adolescents. *Pediatrics*, v. 143, n. 1, p. e20182357, 2019.

BOWLBY, J. A secure base: parent-child attachment and healthy human development. *Basic Books*, cap. 1, 1988.

BRITTO, P. R. *et al.* Nurturing care: promoting early childhood development. *The Lancet*, v. 389, n. 10064, p. 91-102, 2017.

CASPI, A.; ROBERTS, B. W.; SHINER, R. L. Personality development: stability and change. *Annu Rev Psychol.* v. 56, p. 453-84, 2005. Disponível em: doi: 10.1146/annurev.psych.55.090902.141913. PMID: 15709943. Acesso em: 31 mar. 2025.

CHAPMAN, G. *The five love languages of children*: the secret to loving children effectively. Northfield Publishing, 1997.

CREWS, F.; HE, J.; HODGE, C. Desenvolvimento cortical do adolescente: um período crítico de vulnerabilidade para o vício. *Comportamento Farmacol Biochem*, v. 86, n. 2, p. 189-199, 2007.

GROLNICK, S. A.; BARKIN, L. The space between: experience and reality in the work of D.W. Winnicott. *In:* WINNICOTT, D. W. (ed.). *Psychoanalytic explorations*. Harvard University Press, 1978. p. 71-88.

LEE, H.; KIM, K.; CHOI, J. Smartphones and cognition: a review of the effects of smartphone habits on attention and memory. *Neuroscience & Biobehavioral Reviews*, v. 64, p. 246-253, 2016.

LEINBACH, M. D.; FAGOT, B. I. Gender role development in early childhood. *In*: MUSSEN, P. H; GREENBERG, C. A. (ed.). *Handbook of Child Psychology*: child psychology in practice. New York: Wiley, 1993. v. 4, p. 132-179.

PIAGET, J. *Play, dreams and imitation in childhood*. Norton, 1962.

VYGOTSKY, L. S. *Mind in society*: the development of higher psychological processes. Harvard University Press, 1978.

WINNICOTT, D. W. Transitional objects and transitional phenomena. *International Journal of Psychoanalysis*, v. 34, p. 89-97, 1953.

# CAPÍTULO 11

# O avanço e as barreiras na vida de uma psicóloga infantil

Neste capítulo, profissionais da área da saúde encontram vivências e dicas de como lidar com determinadas situações diante do percurso profissional.

Melissa Aparecida Cosmia Pereira Costa

## MELISSA APARECIDA COSMIA PEREIRA COSTA

Psicóloga graduada pela Universidade Cruzeiro do Sul (2023), com especialização no Modelo Denver de intervenção precoce pelo Instituto Farol. Sua abordagem terapêutica é baseada na Análise do Comportamento Aplicada (ABA), permitindo-lhe realizar intervenções eficazes para promover o desenvolvimento e o bem-estar de seus pacientes. Tem experiência como acompanhante terapêutica em ambiente escolar, domiciliar e clínico. Atualmente, trabalha na clínica Núcleo Infantil, com o público infantojuvenil, sendo eles típicos e atípicos, sempre focada em proporcionar o melhor suporte para cada um.

**Contatos:** mel.pereira.costa@gmail.com
Linkedin: https://www.linkedin.com/in/melpereirapsi/
Instagram: @melpereira.psi
11 99184 1917

Final da pandemia, recém-casada, no meio da graduação e desempregada, pois é, minha carreira de acompanhante terapêutica iniciou assim, em meio ao caos.

Mas, antes de chegar ao caos, é preciso entender como iniciei na área, então gostaria de lhe dizer que sempre tive a percepção de que a área da saúde era de meu interesse, mas nunca imaginei que atuaria como psicóloga infantil.

Em 2014, aos 14 anos, fui encaminhada para uma sessão de terapia, assim, obtive o meu primeiro contato com uma psicóloga. Entretanto, não entendia o porquê de estar ali naquela sala, mas era um momento muito prazeroso, os sentimentos de tristezas que sentia ficavam no *setting*, eu mal sabia que estava no início de uma depressão, pois não encontrava significado na vida, porém, com os atendimentos realizados com a terapeuta, meus pensamentos mudaram.

Sabe aquela famosa pergunta "O que você quer ser quando crescer?" Tudo começou com ela, minha maior paixão eram, e são, os animais, logo, minha resposta foi: médica veterinária.

Concluindo o ensino médio, veio o grande momento, a decisão do que cursar. Meu coração falava "medicina veterinária", mas minha curiosidade, vinda de um pensamento sobre a terapia que havia feito quatro anos atrás, em que sentia uma tranquilidade em poder compartilhar minhas aflições e angústias com alguém que me trazia conforto e confiança, dizia Psicologia. Eu sabia que tudo que seria dito no *setting* era sigiloso, assim, poderia entender que não precisava esconder nada, e, na verdade, quanto mais eu falava, mais era libertador, uma sensação ótima. Assim concluí que os meus sentimentos gritavam muito mais alto para a escolha da Psicologia.

Iniciei a graduação sem muita noção para qual ramo seguir, cada matéria estudada durante os semestres era um interesse de atuação diferente, e a frase mais narrada pelos professores ao longo dos anos era: "Uma hora você vai encontrar seu campo de atuação". Mas não foi bem assim, pelo contrário: foi a psicologia infantil que me encontrou quando estava no 6º semestre.

Esse encontro ocorreu por meio de um estágio social, uma instituição chamada Centro de Crianças e Adolescentes (CCA), com público de 6 a 14 anos e 11 meses. O objetivo da instituição é oferecer proteção social aos que estão em vulnerabilidade e risco. O trabalho construído com eles foi a psicoeducação das emoções. Quando finalizei o estágio, estava encantada pela mudança gerada.

No decorrer dos semestres, obtive a oportunidade de estagiar em diversos locais, mas infelizmente não tive o poder de decisão do público ou da abordagem. Um dos estágios realizados foi em um centro de acolhida para adultos; lá adquiri um aprendizado enorme, mudei até o modo de pensar diante de algumas coisas, mas não senti que foi prazeroso quanto à atuação com o público infantil. É interessante descobrir de maneira tão sutil que você acaba percebendo do que gosta e o que não gosta, entretanto, é contraditório, pois nem sempre é assim, nossa percepção pode mudar durante a jornada de conhecimento.

E foi isso o que aconteceu sobre minha visão de trabalhar com atendimentos de adolescentes. Quando me perguntavam se eu iria atender adolescentes também, minha resposta era:

— Não, acho complicado.

No entanto, nunca parei para raciocinar sobre o porquê do meu ponto de vista, até receber um paciente de 16 anos. Ao atendê-lo, percebi quão errada eu estava, pois foi uma experiência muito prazerosa, o modo como as sessões ocorreram me surpreendeu completamente, principalmente em relação ao modo de agir e falar.

Foi no decorrer do 9º semestre que minha perspectiva com o público adolescente mudou. Muitas vezes colocamos limitações em nosso potencial, no qual temos uma capacidade enorme para realizar. Novamente em campo, fui designada para um Centro de Crianças e Adolescentes (CCA), no qual foi extremamente prazeroso rever pequenos que, ao me verem, choraram de felicidade. Por fim, ao chegar no 10º semestre, para minha alegria, recebi uma paciente jovem de 15 anos para estagiar em psicoterapia, e outro de 8 anos para estagiar em terapia cognitivo-comportamental (TCC), além de atuar no campo escolar, realizando psicoterapia em grupos semanais com adolescentes de 14 a 16 anos nas sextas-feiras, às 20h. Foi aí que veio a parte mais incrível desse estágio: alunos que faltavam às aulas nas sextas-feiras, mantiveram presença durante o semestre inteiro, pois não queriam perder os encontros.

Afinal, o que tem a ver isso tudo? O que quero passar neste exato momento é: se dê a oportunidade de explorar, aventurar e vivenciar novas experiências.

Quando ingressei no ramo de acompanhante terapêutico, não fazia a mínima ideia do que era ser uma AT, apenas enviei um currículo para uma vaga de estagiário de Psicologia. A única certeza que tinha era saber que precisava trabalhar na minha área, então, recebi a oportunidade de estagiar.

Ao iniciar neste trabalho, estava tão empolgada por finalmente estar na área de Psicologia, que, ao chegar no ambiente, parecia tudo muito bom, bom demais para ser verdade; infelizmente, mal sabia que tudo o que estava sendo feito, na realidade, não contribuía para o desenvolvimento das crianças, muito pelo contrário, só as afetava ainda mais.

Lá era um ambiente com o público infantojuvenil neuroatípico, sendo esses portadores de Síndrome de Down, transtorno do espectro autista (TEA) e esquizofrenia. Basicamente, eu ficava seis horas na clínica, sendo uma hora com cada paciente, e intervínhamos aplicando programas ABA, contendo comportamentos inadequados, trocando fraldas e supervisionando os pequenos para que não ocorressem acidentes. Éramos supervisionados quinzenalmente e de maneira coletiva.

Conforme o tempo foi passando, fui percebendo que a forma como tudo era coordenado ali não estava de acordo com o modo como um profissional deveria atuar, pois tudo o que era realizado parecia deixar as crianças mais irritadas, e eu também!

A cada dia que passava, comecei a perceber que estava sendo humilhada, era basicamente seguir o que estava sendo solicitado, mas quando realizava, era repreendida e humilhada com palavras inadequadas na frente de todos, inclusive dos pacientes. Com o passar dos dias, minha vontade de ir trabalhar era menor, até que veio a gota d'água.

Estava com um paciente TEA de três anos, que estava em desfralde, e, no meio da aplicação do programa, vieram chamar esse paciente para ir embora. Eu o peguei no colo para entregá-lo à responsável pela saída dos pacientes, e esse pequeno teve um escape; minha roupa e meu jaleco ficaram molhados por completo, mas eu troquei o paciente e, enfim, o entreguei para a responsável. Após o episódio, fui até a dona/supervisora da clínica e solicitei uma camiseta para que pudesse continuar o trabalho. Ela simplesmente riu da minha situação e disse: "Estou ocupada, você vai ficar mijadinha".

Nunca fui tão esculachada como nesse dia. Saí da sala e concluí que aquele local não era uma clínica que ajudava os outros, e sim um local denominado clínica para obter dinheiro, como muitas outras. Trabalhei nessa clínica por apenas três meses, mas não desisti e continuei a procurar uma oportunidade como AT. Foi então que consegui uma vaga em uma clínica multidisciplinar, no setor de Terapia Ocupacional (TO), especializado em seletividade alimentar, desfralde e questões sensoriais com o público infantil TEA.

Desenvolvi-me muito, adquiri um conhecimento gigante, trabalhava por seis horas e tinha supervisão semanal. Durante as aplicações de programa, sempre tinha a coordenadora de

TO orientando e ajudando. Muitos casos eram complicados, pois uma criança com seletividade alimentar não suporta nem ver o alimento, então grande parte delas tinha o comportamento inadequado, como bater, chutar, cuspir, arranhar e até puxar o cabelo dos terapeutas.

Mesmo com esse desafio, era um ambiente no qual a equipe era unida, lá me sentia muito bem, brincávamos, conversávamos e sempre estávamos alinhados, mas ainda não estava feliz, pois não estava na minha área, a Psicologia. Então, mais uma vez mandei currículo e consegui vaga para um atendimento domiciliar.

Ao entrar em contato, a psicóloga informou que se tratava de um paciente com transtorno do espectro autista, com cinco anos de idade, não verbal, tranquilo, sua equipe era toda particular e que o início era imediato; a localização era próxima à minha residência, então conversei sobre o contrato e fui informada de que toda a parte de pagamento e contrato era exclusivamente com a mãe do paciente. Concordei e fui fazer o primeiro atendimento junto à psicóloga, conhecer os pais e o paciente, só não esperava que tantas informações fossem omitidas.

O paciente realmente possuía TEA, mas também era transtorno opositor desafiador (TOD), o reforçamento pelas atividades realizadas eram tela e comestíveis (tudo o que sou contra), apresentava comportamentos disruptivos como bater, chorar, morder e jogar objetos, era nível 3 de suporte.

O primeiro dia foi tranquilo, pois estava com a psicóloga supervisora do caso, mas não consegui falar com a mãe, que estava trabalhando. Já no segundo dia tive uma "bela surpresa", pois mesmo fazendo o que me foi orientado, o paciente gostava de testar, chorando, gritando e, para fazer as atividades, era suporte total. Tentei contato com a psicóloga, porém, para minha surpresa, ela não respondia. Foram três horas que não passavam, e ao final do atendimento tentei contato com a mãe, mas não consegui, pois novamente ela estava no trabalho. Foi então que solicitei ao pai para que pudesse conversar com a mãe do paciente, pois não estava disposta a trabalhar em um local sem contrato de prestação de serviços.

No dia seguinte, sendo esse o terceiro, cheguei ao domicílio e finalmente conversei com a responsável, e foi então que percebi que tudo de errado estava acontecendo: a mãe relatou não ser a favor de contrato, que deveria ser no boca a boca e a confiança bastava, pois teve problemas com outros profissionais, que os pagamentos eram realizados em espécie e não por transferência, não tinha emissão de nota fiscal, que os dias trabalhados eram recebidos e os desmarques (fosse por minha parte ou por eles) teriam que ser repostos. Ao final da conversa, ela saiu e eu fui atender o paciente, em toda minha experiência com comportamento disruptivo, nunca tinha visto o paciente entrar em crise a ponto de tentar morder a mim, o pai e o cachorro, mas você deve estar se perguntando "Por que a crise?" e aqui está o motivo: pausei o reforçamento dele para continuar a atividade, assim como haviam passado para fazer; ao final do atendimento, informei ao pai que não iria dar continuidade, pois não trabalho sem contrato de serviços.

Ao escrever sobre o caso anterior, sinto vergonha pelo modo como agi com o paciente. Mesmo sendo orientada, deveria ter tido o olhar profissional de realizar uma criação de vínculo inicialmente. Assim como em outros momentos, o que quero dar é uma dica a você profissional:

"TUDO O QUE FIZER, REFLITA PRIMEIRO SOBRE VOCÊ: QUAIS PRINCÍPIOS VOCÊ QUER SEGUIR? QUAL A MELHOR COISA PARA VOCÊ E SEU PACIENTE? **Faça contrato de prestação de serviços, emita suas notas fiscais, procure saber sobre o caso antes de iniciar e não tenha medo de perguntar, pois se tem algo de que me arrependo é ter mergulhado no caso com poucas informações."**

Não é fácil encontrar um local em que você se sinta bem psicologicamente, mas eu consegui, depois de desafios, choro e instabilidade psicológica. Encontrei um local que me proporcionou aprendizagem, colegas e crescimento profissional; na realidade, eu diria que o Núcleo Infantil me encontrou.

Quando iniciei lá, diria que minha carreira decolou, a oportunidade de fazer cursos para aprimoramento de Acompanhante Terapêutico (AT), do Modelo Denver de Intervenção Precoce (ESDM), atuar no ambiente domiciliar e escolar, ter supervisões semanais com direcionamento do que estudar e melhorar, uma equipe unida disposta a ajudar e orientar, entre outras propostas incríveis.

Os atendimentos me deixam encantada, pois posso ver a evolução das crianças, por mínimas que sejam; fazê-las rir por meio do brincar, proporcionar ensinamentos, além de conhecer crianças, pais e professores maravilhosos.

Com o atendimento escolar, aprendi com os professores e profissionais ao meu redor, assim como contribuí imensamente na evolução de uma menina, cujo caso pude ter a gratificação de ter alta domiciliar. Tive e tenho dificuldades até hoje, desde me encaixar no ambiente da criança, pois muitas vezes são crianças que possuem dificuldade de manterem-se calmas e nem entram no próprio quarto, apego materno e dificuldade de separação, atender um paciente que não possuía nenhum recurso simples, como uma massinha. Mas, mesmo com esses pontos citados, é incrível ver que é possível superar as dificuldades e encarar esses desafios.

Ao utilizar o ESDM, aprendi imensamente, não só no âmbito profissional, mas como ter um olhar humanizado, conseguir intervir de maneira natural, dentro da brincadeira da criança. Não vou dizer que foi fácil iniciar, sair do ABA para o naturalista e precisar gravar as sessões para me autoavaliar, assim como o modelo solicita. Nada na vida é fácil, mas se você quer realmente crescer e aprender, só cabe a você tomar a decisão de ir em frente e encarar as dificuldades.

Sigo hoje atuando com o público infantojuvenil no ambiente clínico e domiciliar, mas não é por isso que deixei de enfrentar desafios, pois eles servem como fortalecimento. Caso esteja desmotivado nesse momento, gostaria de dizer, de profissional para profissional:

VOCÊ É CAPAZ DE PASSAR POR DIVERSAS TEMPESTADES, BASTA TER FORÇA DE VONTADE!

# CAPÍTULO 12

## Tracejados e rabiscados

Trajeto de uma terapeuta ocupacional no universo do público infantil, no qual a criança e sua família têm de ter voz ativa para tracejar junto do terapeuta sua trajetória. Tocar nos processos da vida de um indivíduo de maneira singular, específica e ímpar, de modo que te torna um profissional nesta mesma qualidade.

Milene Dalfolo

## MILENE DALFOLO

Graduada pela Faculdade de Medicina da Universidade de São Paulo (FMUSP); pós-graduada em Desenvolvimento Infantil e Intervenção Precoce pelo modelo centrado na família; certificação internacional em Integração Sensorial de Ayres. Supervisora de clínicas em São Paulo. Gestora e responsável pela Equipe Sensório-Motora Milene Dalfolo.


**Contatos:** milenedalfolo@gmail.com
Instagram: @terapeutaocupacionalmilene
11 98391 7634

## Traços, rascunhos e rabiscos

Costumo responder para todos que foi a terapia ocupacional que me escolheu, e não o oposto. Pode parecer romântico, mas quem falou que, quando crescesse, queria ser terapeuta ocupacional? Por ser uma graduação da saúde e obrigatória em todos os níveis de atenção e assistência da saúde pública (NASF, CAPS, internações de curta e longa duração), a categoria profissional só é mais conhecida em quem já precisou da intervenção um dia.

Oriunda da reabilitação de soldados de guerra e voltada para a saúde mental dos supostos extintos manicômios, a terapia ocupacional expandiu-se para diversificados públicos, como paliativos para idosos, retorno de habilidades para pós-acidentes em adultos, assim como em saúde mental no público infantil. O foco sempre foi autonomia nas tarefas cotidianas, no sentido físico, social, mental e cognitivo. Ainda assim, cada ser é um, e, a partir disso, não existe receita de bolo para essa independência.

Sendo complexo, mas uniforme, independência não é somente física, para autocuidado, mas também é cognitiva e mental, incluindo organizar seu espaço e tomar medicamentos corretamente.

Descobri-me terapeuta ocupacional por meio de um voluntariado recreativo com crianças, no qual uma criança com autismo estava acompanhada deste seu profissional. O momento foi em 2011 e pouco se ouvia de autismo nas mídias e redes sociais. Pelo pouco contato, a impressão foi de que a profissional era ímpar e rara, vendo as pessoas como são, tirando seu melhor no momento de hoje.

A graduação integral (manhã e tarde) é preenchida de neurofisiologia, biomecânica, cinesiologia e ortopedia. Em outras palavras, aprendemos desde a célula do corpo humano, até como funciona seu músculo, seu funcionamento neurológico, assim como o mental. Não é possível comparar com Psicologia ou Fisioterapia, tendo cada uma sua singularidade e visão clínica.

O que é ocupacional? Não é o profissional de oficina de pintura e crochê, como muito estereotipado.

Desvalorizada e descaracterizada, no sentido de que não é uma profissão voltada para boas ações, voluntariados, ou até que faz coisas simples pelas pessoas. Muito menos FAZ coisas simples pelas pessoas. É um trabalho, como qualquer outro, caracterizado por trazer o melhor da pessoa para o momento, na possibilidade, tentando quase impossíveis alternativas. O fazer da profissão é elaborado e pensado de modo individual para cada pessoa atendida.

Não só, quando se compara com voluntariado, parece que quem recebe o serviço é prejudicado, vulnerável ou passivo. Pelo contrário. O fazer é pensado junto, terapeuta e pessoa, de forma horizontal. De maneira alguma é imposto ou sugerido. Esse modelo, no qual o serviço é centrado no cliente, torna de fato específico e individualizado. Esse espaço para o cliente ter voz ativa e oportunidade de escolha não é visto, por exemplo, no modelo médico, no qual um profissional é dono do saber e do poder de decisão a ser tomado.

Em alguns casos, quando a pessoa não é capaz de escolher e ser ativa na decisão da trajetória de seu processo junto do terapeuta ocupacional, é possível emprestar-lhe desejos de fazer. Dessa forma, descobre-se junto trajetos a serem percorridos em busca de autonomia.

E quando se trata de uma criança com atraso no desenvolvimento? O brincar é tempo e espaço de relação com o ambiente e o outro. Mas, como a criança escolhe por ela? É onde moram os detalhes da relação terapeuta-criança, que tracejamos com brincadeiras. O respeito com os processos de cada um.

No universo infantil, o adulto não deve escolher pela criança. Esse ensinamento é sobre crescer com crianças de forma mútua, sendo via de mão dupla.

Por ser uma profissão de múltiplas áreas de abrangências (infância, reabilitação neurológica, reabilitação de mão, envelhecer, entre outros), a graduação engloba estágios e oportunidades para direcionamento nas áreas. Portanto, é necessário especializações, pós-graduações e supervisões.

A minha trajetória foi voltada especificamente para a infância desde o princípio, focada desde os estágios até trabalhos no pós-formada. Passei por instrumentos públicos como CAPS e UBS voltados para menores de 12 anos, assim como clínicas e atendimentos domiciliares.

O caminho me direcionou, então, para trabalhar em uma grande e importante equipe, supervisionada por uma renomada terapeuta ocupacional, na época também professora. Os momentos naquele ambiente foram extremamente ricos e norteiam até hoje, formando grande parte do meu profissionalismo.

São essenciais princípios como: cada criança e família é uma, a humanização é sobrenome na categoria profissional, o diagnóstico não é destino ou condenação, cada dia a criança está em processos constantes de evolução, assim como a mais valiosa lição: é necessário estar com profissionais que te inspirem e desabrochem o seu melhor.

Em outras palavras, a supervisão sob seu trabalho e a opinião de outra profissional mais experiente, no mínimo, alavanca seu senso de autocrítica e autopercepção. É a singela peça capaz de empurrar outras ainda maiores.

Na certificação de integração sensorial ficou claro que, só com a teoria, profissionais não conseguem transferir facilmente para a prática. Só a técnica não te faz profissional, não te faz atender e ter resultados. É nesses momentos que a crítica e o questionamento de si e do seu trabalho são fundamentais para pensar fora da casinha, ou da técnica.

É perceptível para os clientes/familiares o profissional que traduz a neurociência para a prática e percebe em qual parte interfere individualmente na criança. Por isso, a opinião clínica de um profissional superior e mais experiente te toca e altera a perspectiva.

No caso, traço caminhos fora da teoria que me foi passada, no qual encontro lacunas, para entender ainda mais do que é ensinado. Nem tudo foi descoberto. Assim como a terapia ocupacional tem uma década no Brasil, muito ainda está sendo descoberto nesta ciência.

Muitas ciências existem e se criam no mundo da infância. Estas muitas podem e são vendidas como sendo a que, sozinha, resolveria todas as questões. A prática prova que não é assim, e o trabalho em conjunto com demais categorias profissionais é inegociável.

A ciência da terapia ocupacional preza pelo corpo e sua funcionalidade. Aplicado na infância, o trabalho com educadores físicos e fisioterapeutas agrega no repertório e no desenvolvimento do indivíduo e de sua relação com objetos, ambiente e outros seres.

No mais, pode ocorrer o erro de sobrecarga de responsabilidade profissional e técnica sobre o desenvolvimento da criança. É importante levar também em consideração a não competência técnica que o terapeuta ocupacional tem para determinadas tarefas lúdicas, como esportes, artes e ginásticas.

Ainda enfatizo aqui que, para além das competências teóricas e técnicas, dos tempos de estudo e supervisão, o profissional de saúde pode passar por desafios de empreender seu espaço, como alternativa à desvalorização da categoria no mercado.

Apesar de ser um serviço essencial, poucas faculdades oferecem a graduação, tornando escassa a quantidade de formação de profissionais por ano. A procura crescente pela profissão, por ser a única regulamentada e instrumentalizada para trabalhar a metodologia de integração sensorial, está invencível por ser tão necessária para o público com alterações no desenvolvimento.

É neste tracejado, neste caminho, que percorremos, junto de uma pessoa que busca esse atendimento. São rabiscos horizontais, feitos por ambos, rascunhando pelo tempo e espaço do desenvolvimento de um ser.

# CAPÍTULO 13

# Filhos e suas mães

## Uma jornada de relações de afeto

Neste capítulo, estudantes e profissionais poderão compreender sobre a importância do vínculo no processo terapêutico. A relação com crianças, adolescentes e seus pais, estratégias de intervenção na prática clínica e uma jornada pessoal e profissional que não seria possível sem conexões de afeto.

Mirian Santana

## MIRIAN SANTANA

Psicóloga formada pela Faculdade Integrada de Ciências Humanas, Saúde e Educação de Guarulhos, especializada em Análise do Comportamento, com amplo conhecimento em terapia ABA e Modelo Denver de intervenção precoce. Atua com o público infantojuvenil com crianças e adolescentes de 2 a 16 anos. Em sua prática como profissional da Psicologia, segue com abordagens baseadas em evidências como a Análise do Comportamento e a Terapia Cognitivo-Comportamental. Possui vasta experiência como assistente terapêutica no desenvolvimento de crianças com transtornos do neurodesenvolvimento como autismo (TEA) e déficit de atenção e hiperatividade (TDAH), em ambiente escolar, domiciliar e clínico, além de prestar atendimento a demandas como depressão e transtornos ansiosos. Atua como psicóloga clínica e supervisora na equipe Núcleo Infantil.

**Contatos:** miriansantana.psi@gmail.com
Instagram: @psi.miriansantana

"Foi o tempo que dedicaste à tua rosa que a fez tão importante". Assim como no clássico livro *O pequeno príncipe*, a relação terapêutica com crianças e adolescentes demanda tempo e dedicação para que se estabeleça um bom vínculo, e então irá se desenvolver um processo único com cada paciente.

De acordo com o dicionário de língua portuguesa Priberam, a palavra "vínculo" tem origem etimológica do latim *vinculum*, que significa laço; nó; tudo o que ata; aquilo que liga ou estabelece uma relação. Segundo o pediatra e psicanalista Winnicott (1975, p.153), a primeira relação de vínculo é estabelecida entre mãe e bebê, que envolve a prática de cuidados físicos integrada com as necessidades psicológicas. Quando essa interação entre mãe e filho é executada com êxito, é então proporcionado o desenvolvimento saudável do sujeito.

Para Winnicott (1975, p. 162), a função materna não é obrigatoriamente desempenhada pela mãe biológica; assim, outra pessoa pode executá-la tão bem quanto a própria mãe biológica, sendo que a falta desses cuidados, nos primeiros tempos de vida de um bebê, o coloca em risco. Ainda para o autor, no caso de o bebê não receber o cuidado de que necessita, ele passa por um grande sofrimento psíquico, que prejudica diretamente a sua formação vincular.

A teoria citada se faz presente na prática: quando criança, a mulher que me gestou foi incapaz de desempenhar o papel materno por dificuldades socioeconômicas e, aparentemente, psíquicas. Então, com pouco mais de um ano de idade, fui acolhida e retirada do ambiente vulnerável e disfuncional no qual estava inserida. A adoção veio por parte da minha tia materna, que com a sua escolha me salvou de diversas violências. Enfim, também pude ter a escolha genuína de chamar MARIA CORREIA DE ARAÚJO de minha mãe.

Sempre muito corajosa, enfrentou batalhas emocionais criando três filhos. Na minha infância e adolescência, esteve em constante alerta, superprotetora e preocupada com meu desempenho escolar e com as relações; mais tarde, incentivou minha trajetória no curso de Psicologia e carreira profissional.

Ainda na graduação, iniciei a prática clínica no estágio obrigatório da grade curricular, que exigia a experiência na área da psicoterapia infantojuvenil. A identificação logo se fez presente com a criança durante os atendimentos, mas também com sua mãe, que, com inúmeras preocupações, depositou sua confiança em mim.

Em 2021, tive meu primeiro contato direto com uma criança autista em um estágio escolar como acompanhante terapêutica. Lembro-me da mãe do garotinho de cinco anos passar diversas orientações sobre o seu comportamento. Uma criança que não olhava nos olhos, não se comunicava com palavras, tampouco interagia com os colegas da mesma idade, comia todos os dias os mesmos alimentos preparados da mesma forma pela sua mãe. Em alguns momentos do dia tinha crises de choro acompanhadas de gritos agudos e constantes, o que me fazia pensar que aquele tipo de trabalho não era para mim, que talvez não seria capaz de lidar com isso por quatro horas durante a semana.

Diariamente, encaminhava relatos sobre o dia do pequeno M. S. para sua mãe, e buscava descrever com detalhes a rotina escolar que, com frequência, compartilhava dificuldades e desafios do dia a dia, mas também pequenas conquistas, como olhar ao ser chamado, cumprimentar um coleguinha, aceitar comer um novo alimento, ir ao banheiro sozinho, sentar para fazer uma atividade aprendendo a escrever as primeiras letrinhas.

Esses detalhes eram de suma importância para essa mãe, que se apegava não aos comportamentos inadequados do filho, mas às pequenas evoluções diárias, acreditando no potencial de crescimento e desenvolvimento daquela criança que, apesar de ainda pequeno, já tinha uma agenda de gente grande, preenchida com várias terapias.

A minha relação com essa mãe atípica me fez enxergar com outros olhos o meu potencial como profissional também. Apesar da pouca experiência, busquei supervisão para estudar o caso, procurava o contato de colegas e amigos da área para me ajudar no manejo de comportamento com a criança. Dessa forma, proporcionava melhor assistência terapêutica, como, também, melhores devolutivas para a mãe, que dizia esperar ansiosamente pelos meus recados, já considerados "o momento mais feliz do dia!" [sic.]

Uma das pessoas que me apoiaram a permanecer no caso, passando constantes orientações e sugestões foi a Alessandra Sabino, hoje minha amiga de profissão. Ela também foi responsável por me apresentar e indicar à clínica de psicologia infantil na qual já trabalhava em parceria com a Nathália Malagone.

Me lembro de Nathália e eu marcarmos uma entrevista inicial e, em seguida, um atendimento em conjunto para conhecer a família que iria assumir um novo caso de atendimento. Quando entrei no atual Núcleo Infantil, mal conseguia prestar atenção no que a Nathália falava, estava encantada com o universo colorido e lúdico da sala. Senti-me confortável naquele espaço, onde encontrava minha criança interior que já havia esquecido como era brincar.

Para Antoine Saint-Exupéry (2015, p. 8), "todas as pessoas grandes foram um dia crianças, mas poucas se lembram disso". Essa frase se conecta com a minha realidade, pois, no início da prática clínica, estive ansiosa para desenvolver rápidos resultados para poder mostrar aos pais e às pessoas que estava sendo uma boa psicóloga.

Essa necessidade de aplicar demandas e esperar por respostas a todo custo prejudicava a minha conexão com os pacientes que, em um primeiro momento, só estavam querendo dizer "brinca comigo", ou seja, apenas seja minha parceira nesse jogo de interação, que é de fundamental importância na construção do vínculo terapêutico.

Em atendimentos, reuniões, conversas paralelas e muito estudo dirigido com a equipe de psicólogas do Núcleo Infantil, pude aprender a desenvolver a flexibilidade com os pequenos, entendendo como cativar uma criança de modo que ela se sinta feliz, engajada e relaxada para querer e manter o contato com a profissional que um dia também foi criança.

Dessa forma, as sessões acontecem com mais leveza, brincadeiras, caretas, piadas e risadas, em conjunto com um olhar atento e percepção apurada para o momento certo de intervir sem provocar rigidez ou aversão à terapia. O vínculo é um processo único e contínuo que se faz não apenas com as crianças ou adolescentes, como também com os seus pais, no qual é preciso saber o que falar e como falar com a família, sempre de maneira cuidadosa com as palavras.

Para mim, receber um novo paciente para a terapia pela primeira vez é sempre um misto de sentimentos e sensações. Fico curiosa em ouvir sua história e entender como ajudar aquele paciente que geralmente encontra-se em um momento vulnerável que precisará de muita calma e cuidado para agir com assertividade.

Na minha experiência como psicóloga clínica, alguns casos em específico me chamaram a atenção, talvez por, de alguma maneira, me conectarem com o perfil ou a história do paciente. Casos de depressão e ansiedade com crianças e adolescentes são cada vez mais comuns e frequentes de acompanhar na prática clínica.

Certo dia, recebi uma mensagem no meu contato particular, pedindo com urgência uma reunião de escuta. Na mesma semana, estive diante de a uma mãe que relatava a sua angústia em relação ao que tinha vivenciado nos últimos meses com sua filha adolescente. Pelo seu discurso, logo foi identificado um episódio de depressão com potencial risco de vida. Pude ver o medo em seus olhos em imaginar que poderia perdê-la para o transtorno depressivo maior em que se encontrava, invadida por pensamentos de ideação suicida.

Ouvir aquela mãe em um momento tão vulnerável me fez refletir sobre o meu propósito como profissional da Psicologia, que não apenas deseja desenvolver habilidades comportamentais de crianças e adolescentes, como também salvar vidas e restaurar famílias de conflitos emocionais.

Em *A coragem de ser imperfeito*, a autora Brené Brown menciona que a vulnerabilidade não é uma medida de fraqueza, mas a melhor definição de coragem. Nesse sentido, não estava no papel de jurada de erros e acertos na formação de uma filha ou de uma detetive à procura de culpados. Estava encarando uma mãe cheia de coragem em pedir ajuda quando percebeu que perdeu o controle sobre sua jovem filha.

Ainda a mesma autora diz que não há maneira certa ou errada de demonstrar empatia. É simplesmente escutar, criar espaço para a sinceridade, não emitir julgamentos, se conectar emocionalmente e transmitir aquela incrível mensagem restauradora "você não está sozinho" (Brown, 2016, p. 63). A perda de qualquer ordem gera o sentimento de luto e eu estive comprometida em não deixá-la surgir.

O atendimento com adolescentes possui uma dinâmica de intervenção diferente do trabalho desenvolvido com as crianças. Geralmente chegam ao consultório a desejo dos seus pais, que por algum motivo buscam por ajuda profissional. Pouco se interessam em falar sobre a causa de estar ali frente a uma pessoa estranha, muitas vezes o desconforto e a insatisfação são perceptíveis. Costumo preparar a sessão com antecedência, realizando uma dinâmica para quebrar o gelo, utilizo recursos visuais como cartinhas de perguntas de bate-papo, com questões simples e fáceis de responder para iniciar uma conversa com leveza.

Após essa troca de interação, guardo as cartas em uma pequena caixa no modelo de baú e então pergunto: "Você sabe o que encontramos em um baú? Ouro, tesouros, tudo o que é precioso ou de muito valor, certo? Então, não dividimos com todo mundo, às vezes guardamos só para nós mesmos ou compartilhamos com quem amamos e confiamos! Tudo o que disser na terapia terá muito valor e será guardado como um segredo ao qual apenas você e eu teremos acesso." Com essa analogia, estabeleço com o paciente adolescente o início do processo de conexão e vínculo terapêutico.

Ao receber E. F. para a primeira sessão de psicoterapia, vi uma menina bonita de cabelos longos e rosto delicado, um tanto tímida que mal sabia o que falar. Busquei entender se compreendia o motivo por estar iniciando a terapia e se já havia tido alguma experiência com um profissional da área antes. E. F. me relatou que estava muito nervosa, pois o seu último contato com uma psicóloga não tinha sido nada bom; a profissional que lhe prestou atendimentos no passado a questionava sobre a semana, qual era o seu problema e, ao não ter respostas devido a uma dificuldade de elaboração da adolescente, mantinha um longo silêncio constrangedor.

Com frequência, durante as minhas sessões com E. F., ouvia dela que não sabia o motivo por estar em terapia, que tudo o que dizia era besteira e que nada daquilo importava. Pensando em uma rápida analogia, pedi que E. F. fechasse os olhos e imaginasse um pronto-socorro, enquanto narrasse o estado de cada pessoa que se encontrava no espaço, a necessidade de cuidado e gravidade de cada paciente, a organização de senhas na sala de espera e a chamada do médico para prestar atendimento a cada um. Enfim, todas aquelas vidas importam e merecem cuidado, independentemente do que cada paciente irá relatar ao médico. Dessa forma, convenci E. F. a entender que a terapia segue a mesma lógica e que tudo o que ela tinha a dizer era, sim, importante para mim, e que eu permaneceria escutando-a de forma ativa e sem julgamentos.

Dentre os meus diversos casos de atendimento, tenho um especial afeto por P. L., um garoto de dez anos. Sua história é complexa, possui marcas de rejeição e rupturas com a figura materna. Quando nasceu, seus pais biológicos eram usuários de drogas, desde o início sua mãe rejeitou a ideia de ter o filho e cuidar de um bebê. A rejeição também se manifestou por parte do pai biológico, que se encontrava na mesma condição. Ainda muito pequeno, sua vida mudou quando um jovem casal decidiu acolher P. L., construindo uma família em um novo lar. Anos depois, o relacionamento terminou e a pessoa reconhecida pela criança como mãe o rejeita novamente.

Durante o processo terapêutico de P. L., foi investido o tempo necessário para uma construção sólida de vínculo. Abordar o tema família era algo delicado para o garoto. Certo dia, compartilhei com P. L. a minha história pessoal, relatando que havia passado por situações semelhantes na minha infância e, assim como ele, também fui adotada. Essa troca contribuiu para que P. L. se sentisse mais à vontade para relatar suas angústias em terapia.

Assim como todo ano, lembrancinhas do Dia das Mães são confeccionadas e distribuídas para os pacientes. Falei para P. L. que ele poderia escolher a quem entregar, alguém que lhe prestava todo o cuidado, carinho, atenção e amor, alguém que não necessariamente precisa ser mãe, mas que ocupa esse lugar.

Em uma sexta-feira, na semana do Dia das Mães, eu ainda não havia pensado em como presentear minha mãe. Finalizando uma visita escolar em conjunto com a minha parceira e amiga de profissão, Nathália, fomos a uma loja de joias em prata. Escolhi com cuidado um modelo de brincos para minha mãe e então os dei de presente. O último presente, o último abraço, o último "eu te amo". Uma das últimas lembranças aconteceu meses depois, eu a elogiando por estar usando os brincos que dei, o último toque e despedida, antes de saber do seu último suspiro. A última mensagem de texto em que dizia "te amo muito e tenho orgulho de ter você como filha e formada nessa profissão". Minha história não poderia ter sido possível de ser contada se não fosse pela mulher que escolhi chamar de mãe. Enquanto eu respirar, vou me lembrar de você, minha mãe. Dedico-lhe este texto, eu te amo infinito!

## Referências

BROWN, B. *A coragem de ser imperfeito*. Rio de Janeiro: Sextante, 2016. p. 63.

PRIBERAM. *Dicionário Priberam da Língua Portuguesa*. Disponível em: https://www.priberam.pt/dlpo. Acesso em: 31 mar. 2025.

SAINT-EXUPÉRY, A. de. *O pequeno príncipe*, 1944. São Paulo: Companhia das Letrinhas, 2015.

WINNICOTT D. W. *O brincar e a realidade*. Rio de Janeiro: Imago, 1975. p. 153-162.

# CAPÍTULO 14

## Onde mora o que se cria?

Este capítulo é para minha família, que sempre foi meu maior time, e para Gabriel, meu parceiro de todas as ideias e conquistas. É para os pais, famílias e crianças que acreditam no meu trabalho, e para a Naiara do passado, que, com coragem e autenticidade, nunca deixou de acreditar nos seus sonhos e no poder de transformar vidas.

Naiara Morais Meira

## NAIARA MORAIS MEIRA

Graduada em Psicologia pela Universidade São Judas Tadeu com aprimoramento em Terapia Cognitivo-comportamental. Pós-graduada em Psicopedagogia Clínica e Institucional pela Universidade São Camilo. Pós-graduada em Análise do Comportamento Aplicada ao Transtorno do Espectro Autista e Deficiência Intelectual pela CBI of Miami. Neuropsicóloga pela Faculdade de Medicina da Universidade de São Paulo (USP).

**Contatos:** naiaramoraismeira@gmail.com
Instagram: @psicoparacrianca
11 96607 0663

Sempre fui muito criativa. Na escola, lembro-me da professora Rosa, que me chamava a atenção por "enfeitar" demais o caderno de Matemática e por escrever os exercícios de Língua Portuguesa usando muitos lápis coloridos. A criatividade era uma porta de entrada para o entendimento das disciplinas, dos conteúdos abstratos e do mundo. Ainda criança, durante a segunda infância, a minha principal companhia era a rotina, meus pais trabalhavam muito e quando chegavam do trabalho a casa já estava entrando no *mood* de jantar e dormir. Eu tinha que ocupar o tempo que ficava em casa. Televisão, às vezes, não era o suficiente, já que tinham os horários determinados para transmitir os meus desenhos favoritos. Internet? Só veio chegar em casa anos depois. Meu programa favorito na TV era o "Menino (Muito) Maluquinho", que era transmitido na TV E. e criado pelo gênio Ziraldo. Lembro-me de que quando o relógio estava próximo do horário do programa começar, eu já ficava esperando a abertura sentadinha no sofá de dois lugares em frente à TV, imaginando qual episódio seria naquele dia. Eu tinha meus episódios favoritos, como: "Eu não sei arrumar, só sei bagunçar", "Feio, bonito!" e "Meu pior amigo!". Só sabia que cada episódio, em sua particularidade, me compreendia como criança e fazia-me normalizar as vivências e os sentimentos negativos que vinham me visitar de vez em quando. Meus pais sempre foram muito humildes para me escutar como a criança que eu era, eles estavam preocupados em tarefas do dia a dia. Não os julgo. Eles fizeram e me deram o melhor nas circunstâncias que tinham. Sou imensamente grata a todos os tijolinhos que me deram para construir quem sou hoje.

A criatividade esteve presente em diversos momentos da minha vida: nas maquetes da escola, nas brincadeiras com meus vizinhos, nas receitas de três ingredientes e nos programas de TV que eu encenava. Ela sempre foi minha melhor amiga, permitindo-me ver possibilidades e alternativas, além de ser um antídoto contra os dias monótonos. A Neurociência contribuiu ao dizer que a criatividade é a soma de um indivíduo que possui um repertório genético e que recebe constantes estímulos ambientais que favorecem a aquisição e o armazenamento de conhecimentos cognitivos e emocionais, resultando na construção de uma personalidade que pode, regularmente, solucionar problemas, interpretar e vislumbrar novas questões sobre o meio em que atua, criando produtos e ferramentas necessárias para o contexto que o exige.

Pensando por esse ponto, tudo com que eu tinha contato na minha infância me fazia enxergar o mundo mais criativo, com mais de uma perspectiva. Um exemplo clássico disso foi quando consegui memorizar a ordem dos planetas por meio de uma frase: "Minha Vó Tem Muitas Joias, Só Usa No Pescoço", para Marte, Vênus, Terra, Mercúrio, Júpiter, Saturno, Urano, Netuno e o antigo Plutão. Fui uma das três crianças que acertaram a questão da prova de Ciências.

E, assim, de maneira lógica, sob minha maneira particular e flexível de enxergar o mundo, passei a ver a minha criatividade como óculos – óculos que transformam o comum em extraordinário. Minha adolescência foi marcada por questionamentos, mas também por uma busca constante em aplicar a criatividade que me impulsionava. Iniciei a faculdade de Psicologia em 2013, finalizei em 2017, e nesse período me conheci e me identifiquei com os desafios do curso. No segundo ano, comecei a trabalhar com crianças e adolescentes atípicos na

Associação de Amigos do Autista, onde aprendi diariamente, com o apoio de profissionais experientes, e pude observar o impacto do meu trabalho no desenvolvimento deles.

Minha criatividade não se perdeu, ela pulsava em mim em cada ideia que eu tinha. Agora, minha criatividade era canalizada a algo útil e que estava colaborando para um mundo melhor. Desde o ano de 2013 passei por inúmeras transformações. A criatividade foi pré-requisito importante para eu ser feliz na minha atuação, contudo, não acho que vocês, leitores, devam utilizar desse pré-requisito como regra; contudo, devem usar essa habilidade como algo essencial para desenvolverem, se optarem por visitar constantemente o mundo das crianças e assim poderem ajudá-las. Digo isso porque cada criança traz dentro de si uma forma de ver o mundo.

Eu tinha minha maneira de ver o mundo. Ora ela condizia com o olhar de uma criança, ora não. E, neste último caso, eu tinha que usar da minha criatividade e flexibilidade de entendimento do mundo para poder ensiná-la e fazer da sua vida algo extraordinário. Ajudar uma criança a existir, dentre suas dificuldades e potencialidades, é um desafio, pois nos coloca em um lugar de inquietude constante. Inquietude pelo próximo passo, pela certeza da aquisição da aprendizagem e pela expectativa de até onde nossa criança poderá chegar. Confesso que, nesses anos de atuação, essa última opção sempre me emociona como se fosse a primeira vez.

Assumir uma atuação de modificar vidas requer um tanto de humildade, pois você sempre terá algo a aprender: seja com a sua criança, com a família que está em contato constante com as dores e os amores de uma criança; ou seja com você mesmo, nas suas inúmeras versões ao sentar-se no chão com um brinquedo e uma criança. Não sou adepta à ideia de dom, uma vez que esse conceito nos coloca em uma posição de prontidão e desinteresse pela lapidação; prefiro a ideia do talento, que requer desenvolvimento, automonitoramento e constante refinamento de quem você é hoje em prol da sua linha de chegada.

Entrar no mundo das crianças, dessa vez, de maneira formal, como uma profissão, é como se eu tivesse o talento (e não dom) de cuidar de uma planta pela raiz, antes mesmo de ela mostrar suas folhas, flores e frutos. A gente até conhece os tipos de terra e de adubo que existem no mundo, mas só saberemos se é uma terra frutífera e dedicada aos cuidados daquela planta, quando começamos a entendê-la melhor. Cada criança precisa ser vista de maneira única, sob um olhar genuíno e interessado, não somente por um olhar técnico embasado. Acredito eu que isso seja um grande diferencial de um profissional feliz e notável para um profissional bom e satisfatório. Quem você gostaria de ser? A linha que separa esses dois profissionais é tênue. Recentemente, durante um atendimento de psicoterapia infantil, ouvi de uma pequenina menina de quatro anos, em sua primeira sessão comigo, que ela estava ali pois eu era "especialista em sentimentos" (sic) e que iria ajudá-la nos seus momentos de raiva. Confesso que naquele momento nem eu mesma achei que merecia esse título. Tenho muito a lapidar; mas aceitei minha nova especialidade e dali em diante nasceram bons frutos. Em vários momentos da minha carreira profissional, me senti insegura e perdida. Sentir-se perdido de vez em quando diante de um novo caso clínico ou queixa não é uma amostra de desconhecimento, é uma amostra de que precisará recorrer a novas formas de olhar; e isso, por vezes, exige a ajuda de outro profissional ou de novos estudos.

A questão principal é que quando trabalhamos com pequenas pessoas que estão se desenvolvendo, nunca saberemos o bastante, principalmente quando se trata de histórias de vida completamente diferentes umas das outras. É um novo olhar em todo novo caso. Nesses anos de trabalho, meu olhar criativo tomou várias formas: algumas formas me fizeram ter insights maravilhosos de raciocínio clínico; outras formas complicaram ainda mais minha maneira de enxergar o óbvio, e tantas outras formas me fizeram e continuam fazendo ver alternativas e possibilidades em todas as crianças que se sentam no chão da minha sala. A criatividade, além de me divertir, me trouxe a coragem de acreditar no meu trabalho no dia mais desafiador. A criatividade me salvou e me salva dos meus próprios pensamentos distorcidos e irreais, e me leva a um lugar de boas-vindas e de confiança do que estou fazendo. A criatividade é a minha inteligência fluida e, por vezes, divertida.

Outras tantas habilidades, muito além de conhecimentos técnicos filosóficos e cristalizados, eu fui desenvolvendo nesses anos de atuação; quem diria que trabalhar com crianças me deixaria em um lugar de aprendiz? Pois é, esse mundo colorido tem tanto a nos ensinar que só precisamos desenvolver sensibilidade para enxergar.

Lembro-me de mais uma situação em que, em uma sessão de psicoterapia com um rapazinho de cinco anos, ele me contou que ainda não sabia amarrar o seu cadarço, que de fato era algo muito difícil para ele; eu, na minha ocupação de psicoterapeuta e com principal objetivo de confortá-lo diante do não saber e dos seus objetivos dentro da psicoterapia, respondi que eu, por exemplo, ainda não sabia estacionar o carro (famoso "fazer baliza"); me recordo dos seus olhinhos castanhos olhando para mim, com uma expressão de dúvida e respondendo: "Você pode estacionar uma moto, Tia Nai, é mais fácil" [sic.]. São esses momentos que me coloco como aprendiz da relação, dado que seguramente uma moto é menor que um carro, então, seria mais fácil de estacioná-la, teoricamente.

Ser criança é a forma mais pura de enxergar o mundo em que vivemos, tudo é mais óbvio, com explicações lógicas e sem muitas abstrações: ou é ou não é; não existe o "depende". No trabalho de psicoterapia com crianças, principalmente as menores de oito anos, os profissionais dessa área precisam (e precisam mesmo) ter flexibilidade no agir (criatividade aqui também se encaixa), pois a Psicologia é a mesma, para uma criança, um adolescente, um adulto ou um idoso, mas é preciso assegurar que o entendimento de si, do mundo e do outro chegue à sua criança e promova maior compreensão sobre ela mesma e sobre seus processos internos (difícil, não é?).

É preciso ter, além da flexibilidade e criatividade, ouvidos atentos, ludicidade, disposição, otimismo e generosidade; não há bagagem técnica nenhuma que invalide essas habilidades interpessoais, pois quando uma pequena pessoa está na sua frente, com dificuldades em compreender por que seus pais escolheram não ficar mais juntos, essa ideia vai contra o que ela acredita de que o mundo é óbvio, de que é ou não é, e é aí que inicia a compreensão do "depende" e das tantas outras possibilidades que existem quando falamos de interações humanas. Tampouco o atendimento infantil é o mais fácil, o mais simples e o que precisa de menos esforços; cuidar do modo como as crianças pensam, sentem e agem é um cuidado minucioso com o mundo delas e com a maneira com que elas internalizam suas vivências.

Para você, leitor, que chegou até aqui, eu me arrisco a deixar uma tarefa de introspecção, dado que chegou a este capítulo com alguma expectativa (e espero tê-la alcançado). Gostaria de desafiar você a se conectar com a criança que você já foi. Sem alterar cenários, cenas, pessoas e situações. Experimente o mundo infantil novamente, mas pelos seus olhos de criança: assista a um desenho da sua época, entre em uma piscina de bolinha. Essa tarefa de introspecção faz parte do processo de ser incluído no universo da Psicologia Infantil, pois é preciso, sim, enxergar como criança para aprender como criança, e, mais do que isso, acreditar em uma criança para que ela acredite em si mesma e possa crescer com mais consciência de si e dos outros. Crescer com criança é um aprendizado que ainda não cansei de aprender, e espero ter longos anos de aprendizado nessa relação grande-pequena que escolhi há 11 anos. Desde criança, sempre tive um desejo secreto de fazer parte de um livro, de alguma forma contribuir para que ele se tornasse algo memorável na vida de outras pessoas.

Hoje, escrevo este capítulo com o mesmo objetivo: permitir que minha trajetória ajude você, leitor, a encontrar o caminho que ressoe com o seu modo de ser, mas que, ao mesmo tempo, o desafie a se conhecer, se aprimorar e melhorar a cada dia, sempre com a expectativa de onde você pode chegar. É uma honra fazer parte desta história, que, na verdade, começou lá atrás, com a menina que colocava cor em tudo e que ainda adora colorir o mundo.

## Referência

XIMENDES, E. *As bases neurocientíficas da criatividade.* 2011. Tese (Mestrado) – Universidade de Lisboa, Faculdade de Belas Artes, 2011.

# CAPÍTULO 15

# Transformando destinos com a aprendizagem efetiva na infância e se realizando profissionalmente

Que a educação infantil desempenha papel crucial no desenvolvimento global do indivíduo, não temos dúvidas, mas podemos afirmar que a estimulação precoce muda destinos e melhora a qualidade de vida de muitas famílias. E quando se junta a missão com a profissão, não tem erro, somente gratidão.

Taciana Rossi

## TACIANA ROSSI

Psicóloga clínica infantil, especialista em Neuropsicologia pelo Instituto de Pesquisa e Ensino Albert Einstein, pós-graduada em Análise do Comportamento Aplicada (ABA), Psicopedagogia e Psicomotricidade. Possui cursos de especialização em Autismo, TDAH entre outros transtornos do neurodesenvolvimento, Síndrome de Down, transtornos psicoemocionais na infância e na adolescência. Especialização em ABA e Estratégias Naturalistas, Acompanhante Terapêutica e Intervenções Baseadas no Modelo Denver pelo Instituto Singular Mayra Gayato. Possui certificação no teste de triagem do desenvolvimento Denver II e Certificação Internacional no ESDM Introdutório.

**Contatos:** taciana.rossi@hotmail.com
Instagram: @tacianapsicologainfantil
11 99665 0637

Eu sempre tive o sonho de ser psicóloga, mas ele era distante, nem imaginei um dia conseguir, e nem sei por que pensava assim. A vida foi me guiando e direcionando, e durante o processo fui vivendo cada oportunidade e desafio que surgia. Vivenciei muitas coisas e deixei de viver muitas também. Mas hoje posso dizer que valeu a pena.

Sou mãe de dois, uma menina e um menino, e tudo começou após a primeira cirurgia cardíaca que meu filho mais novo precisou realizar. Ele tinha cinco anos. Durante esse período, convivi com muitas mães e crianças em que alguns casos foram bem-sucedidos, e em alguns, infelizmente, a jornada se encerrou ali. Foi então que conheci as psicólogas que acompanhavam essas crianças e seus familiares, e percebi o quanto a psicologia infantil acolhia, dava direção e transformava aqueles momentos de angústia em momentos de paz e esperança.

Após um período de mais ou menos três anos, tudo já estava sob controle em relação à saúde do meu filho, então pensei: "É agora o momento de realizar esse sonho!" Eu já trabalhava em uma empresa multinacional há 15 anos e decidi que era hora de me organizar para encerrar aquele ciclo e iniciar o que, visto por mim, seria o maior desafio profissional que poderia enfrentar, até mesmo porque eu ouvi de muitas pessoas: "Você vai deixar o seu emprego de 15 anos para começar do zero em uma área que nem tem emprego?" Ah, como ouvi essa frase!

Mas, minha decisão estava tomada dentro do meu coração, e então trabalhei para que isso acontecesse da melhor maneira possível, e tudo deu certo.

Após 20 dias da minha demissão, veio a pandemia da Covid-19. E agora? Medo? Aflição? Não! Aproveitei o máximo de tempo que tive em casa para estudar e me aprimorar, afinal, era o último ano da faculdade de Psicologia e eu estava megafeliz e realizada, porque durante os estágios supervisionados, tive ainda mais certeza de que era a psicologia infantil que tinha dominado meu coração.

Quando as coisas já estavam sob controle, me inscrevi em um estágio voluntário na APAE da minha cidade. Que alegria, meu sonho estava se tornando realidade! Iniciei minha jornada na psicologia infantil da melhor maneira possível. Conheci profissionais incríveis e fundamentais na construção do meu conhecimento. Sobre as famílias e as crianças que eram assistidas, nem se fala, quanto aprendizado e quantas coisas lindas vivemos. O estágio foi finalizado, porém eu o aproveitei muito. Durante esse período, fui analisando quais eram as minhas áreas de interesse dentro do campo infantil, e quais eram os casos que me chamavam a atenção e que eu tinha mais afinidade e conseguia contribuir, mensurando os melhores resultados, para a qualidade de vida das famílias de modo geral.

Na faculdade sempre me identifiquei com as matérias de Neuropsicologia e Análise do Comportamento Aplicada, o Behaviorismo. Foi então que com a vivência na APAE tive mais certeza de que eram essas áreas, e me matriculei na pós-graduação de Neuropsicologia. Na época, ainda nem tinha finalizado o curso de Psicologia, mas já garanti a matrícula e só esperei a colação de grau para iniciar o curso, que foi semipresencial devido à pandemia da Covid-19, e com estágios práticos e supervisionados pelos professores. Passei muitos perrengues, supervisões extras que tive que investir para entregar com excelência o que aquelas famílias que confiaram no meu trabalho mereciam. Como sempre gostei de Análise do Comportamento, área muito relacionada à aprendizagem, e aprender comportamentos era o que as crianças que acompanhava durante os atendimentos precisavam, e era exatamente o que eu poderia ensinar, assim que terminei a pós-graduação em Neuropsicologia, iniciei a pós em Psicopedagogia, e eu só me apaixonava cada vez mais pela aprendizagem infantil.

No fim do estágio, já sabia o que queria, qual área e já tinha feito muitos cursos para atuar da melhor forma com crianças atípicas. Então, tive a oportunidade do meu primeiro emprego na área da psicologia infantil, na Associação Amigos do Autista (AMA), em uma cidade vizinha, e o meu amor só cresceu por essa área. Na AMA, tive a oportunidade de conhecer, aprender e compartilhar conhecimentos e vivências maravilhosas, com profissionais incríveis, que, assim como eu, amam o que fazem, se dedicam, buscam aprimoramento contínuo para entregar com excelência o que vai fazer a diferença na vida das famílias que confiam seu bem mais precioso aos nossos cuidados.

Desde então, minha trajetória foi pautada em ética e respeito a todas as famílias que eu tenho o prazer de acompanhar. Dei início a atendimentos particulares, no começo resisti bastante, porém, muitas famílias me procuravam, então decidi avançar mais um passo. Quando minha agenda não me permitia mais conciliar dois locais de trabalho, decidi me desligar de um e viver meu sonho de empreender, atuando no que mais me fazia feliz. Foi preciso coragem para avançar, embora hoje perceba que foi um passo que me traz muita gratidão, e eu não poderia ter feito escolhas melhores.

# CAPÍTULO 16

# Da curiosidade ao propósito

## Construindo uma jornada com crianças

Neste capítulo, o leitor vai encontrar uma jornada inspiradora, na qual a autora apresenta desde sua paixão por crianças até a criação de um Instituto de Atendimento Infantil Especializado. Ainda, revela cinco etapas-chave para o sucesso. O Instituto Potencialize, símbolo de crescimento e neuroplasticidade, é um modelo de como elevar o potencial infantil e inspirar outros profissionais na área.

Taynara Jéssica Lima

## TAYNARA JÉSSICA LIMA

Psicóloga graduada pela Faculdade Cathedral (2018), com pós-graduação em Neuropsicologia (IPOG) e em Intervenção ABA aplicada ao Transtorno do Espectro Autista e Deficiência Intelectual (IPOG). Certificada em Intervenção Precoce Naturalística (Instituto Farol), Workshop Avançado Early Start Denver Model-ESDM (Clínica Kids Mind), Pivotal Response treatment-PRT nível 1 (Clínica Kids Mind), PECS nível 1 (Pyramid Educational Consultants do Brasil). Fundadora do Instituto Potencialize.

**Contatos:** institutopotencializerr@gmail.com
Instagram: @institutopotencializerr
95 99170 7294

*"Peça a Deus que abençoe seus planos e eles darão certo."*

**(Provérbios 16: 3)**

O primeiro sorriso de uma criança e o começo de um encantamento é a narrativa que venho compartilhar. Minha história com crianças começou muito cedo, antes mesmo de eu sequer imaginar que esse seria meu maior propósito de vida. Meus primeiros passos nessa caminhada iniciaram aos nove anos de idade, quando à época, minha professora me convidou para conhecer sua escola. Lembro-me de como aquele ambiente deveras me encantava – as risadas, as brincadeiras, a criatividade que fluía de modo tão natural e singular.

Após essa experiência, aos 11 anos, fui convidada para ser professora de Escola Dominical na igreja que frequentava, a qual reforçou o quanto eu amava estar com as crianças e poder contribuir para seu desenvolvimento. As atividades, que envolviam desde cantigas até pequenos jogos, me ensinaram a importância do lúdico na educação infantil. No Ensino Médio, meu envolvimento com as crianças continuou, desta vez contribuindo com o reforço escolar. A sensação de poder fazer a diferença na vida de uma criança em fase escolar, mesmo que de maneira modesta, era extremamente gratificante para mim.

## Desafios e decisões: a escolha entre números e emoções

O tempo passou e chegou o momento de escolher um curso de graduação. Estava dividida, pois sempre me sobressaí na matemática. Em paralelo a isso, havia um forte sentimento que me impulsionava a escolher uma profissão que trabalhasse com crianças. Nesse período, alguns amigos diziam que me viam como uma futura psicóloga. Após muita reflexão, decidi cursar Psicologia. Logo no início do curso, as primeiras impressões não foram as melhores. Os componentes curriculares pareciam distantes da minha realidade e do que eu esperava encontrar mais à frente.

Foi só no quinto semestre, ao me deparar com o componente curricular de avaliação psicológica, que me senti novamente conectada. Percebi que ali havia uma intersecção entre Psicologia e Matemática (sim, a Matemática, pois para a correção de alguns testes é necessário fazer cálculos). Xeque-mate! O curso que não tinha muito sentido para mim, me deu uma nova direção e meu interesse foi reavivado, dando-me ânimo para continuar.

Após a graduação, meus primeiros passos como psicóloga foram desafiadores e marcados por incertezas. Atendia tanto crianças quanto adultos. A falta de um nicho específico me deixava inquieta. Foi também nesse período que comecei a interessar-me pela Neuropsicologia. Decidi, então, fazer uma pós-graduação nessa área. Cada módulo deixava-me mais encantada e os testes que aplicávamos reuniam minhas duas áreas preferidas: Psicologia e Matemática.

## Um novo horizonte: a primeira experiência com o autismo

Minha carreira tomou um rumo inesperado quando uma amiga me convidou para trabalhar com crianças autistas. Perguntei como funcionava e ela me explicou que seria o trabalho de acompanhante terapêutica em intervenção precoce naturalística baseada no Modelo Denver. Nem pensei duas vezes, logo aceitei. Tudo foi muito rápido. O convite se deu no sábado, no domingo recebi um breve treinamento e na segunda-feira iniciei. O atendimento era domiciliar, diário e, por isso, intensivo.

Na intervenção com a criança, temos por objetivo observar e intervir no repertório comportamental, permeando déficits e excessos, enfatizando as áreas do desenvolvimento infantil com destaque para repertório social, repertório de comunicação receptiva e expressiva, padrões e funcionamento do brincar, comportamentos disruptivos e agitação, a fim de verificar a demanda pertinente de treino comportamental.

## Minha transformação por meio da transformação da vida de crianças

Uma das histórias mais marcantes que antecede minha carreira como CEO de um dos maiores centros especializados em atendimento a pessoas autistas no estado, foi a de um menino autista, à época, com três anos. Recebi a ligação de sua mãe, que relatou ter ouvido falar do meu trabalho e convidou-me para atender seu filho. Na época, havia dois meses que tinha iniciado o trabalho com crianças autistas, ou seja, estava ainda em meu primeiro atendimento.

Essa história merece destaque, pois em atendimento à criança, pensei inúmeras vezes em desistir de trabalhar com esse público. Mas a mãe, sem saber da minha vontade de buscar outro nicho, com seus feedbacks positivos de evolução e com muito entusiasmo pelos avanços por causa da terapia, me motivava sempre a continuar. O fato de pensar em desistir era uma decisão pessoal, pois o menino era encantador e sua família sempre muito receptiva.

Outro relato foi a chegada de uma menina de dois anos. A criança era não verbal, com pouca interação social e um atraso de desenvolvimento significativo. Ela foi inicialmente designada para ser atendida por outra profissional da equipe. Depois fui informada de que eu mesma seria a responsável pelo seu acompanhamento.

Lembro-me vividamente daquele dia. A criança entrou na recepção, segurando firmemente a mão de seu pai, os olhos grandes e curiosos observando tudo ao seu redor. Enquanto seu pai conversava com a recepcionista sobre o processo de triagem, a criança se soltou e, para minha surpresa, caminhou em minha direção. Ela segurou minha mão e naquele instante senti uma conexão inexplicável.

O trabalho com a menina foi intenso e desafiador. Nos primeiros meses, ela ainda evitava o contato visual, preferia brincar sozinha e tinha grandes dificuldades em se comunicar. Iniciamos um plano de intervenção baseado no Modelo Denver. No início, a criança resistia, chorava, se retraía. Mas, com paciência, persistência e muito amor, começamos a ver pequenos avanços.

Hoje, essa criança é uma menina muito mais comunicativa, que interage com outras crianças, participa ativamente das atividades e tem autonomia. Embora ainda enfrente desafios, ela tem superado cada um deles com uma força que nos inspira diariamente.

Essas histórias não iniciaram no Instituto Potencialize, foram casos herdados, que nos inspiraram a abrir as portas de nossa instituição. A cada novo caso, meu envolvimento com o transtorno do espectro autista (TEA) se aprofundava. Decidi me especializar, mergulhando em cursos, capacitações e uma nova pós-graduação em ABA. Descobri que minha missão era potencializar as habilidades dessas crianças, sendo mediadora na superação de desafios.

## Um sonho concreto: o nascimento do Instituto Potencialize

O nascimento do Instituto Potencialize foi como a realização de um sonho que, aos poucos, foi tomando forma. No centro do pátio do Instituto encontra-se nossa logomarca em 3D, a qual é uma representação de um balão, o que sempre imaginei para as crianças que aqui atendemos: um lugar onde elas pudessem alçar voos altos, expandir seus horizontes e explorar todo o potencial que possuem dentro de si. O envelope foi desenhado em forma de um cérebro, representado por peças de quebra-cabeça coloridas, simbolizando a neuroplasticidade. Cada criança e cada família, ao entrar no balão, são lembradas de que, com o apoio certo, não há altura que não possam alcançar, não há desafio que não possam superar.

O Instituto Potencialize nasceu com a missão de melhorar a vida de crianças e famílias que enfrentam atrasos no desenvolvimento, oferecendo a elas a oportunidade de alçar esses voos tão altos quanto seus sonhos e alcançar seu máximo potencial. Nossa visão sempre foi ser referência em Roraima, criando um mundo melhor para essas famílias, onde o desenvolvimento e a autonomia de cada criança são o centro de tudo o que fazemos. Para isso, baseamos nosso trabalho em valores fundamentais, como atendimento humanizado, acolhimento às famílias, valorização do ser criança, qualificação constante da equipe multidisciplinar, transparência nos atendimentos, esforço conjunto para alcançar a excelência, ética e responsabilidade social.

O Instituto foi cuidadosamente planejado para ser um ambiente que não apenas atendesse às necessidades terapêuticas das crianças, mas também proporcionasse conforto e segurança às suas famílias. A recepção foi desenhada para ser acolhedora, onde cada família é recebida com atenção e carinho desde o primeiro momento. Sabemos que, para os pais, esse é um momento de esperança e, às vezes, de ansiedade, e por isso, nos esforçamos para que se sintam acolhidos e tranquilos.

Cada sala de atendimento foi pensada para oferecer um ambiente seguro e individualizado, onde as crianças possam realizar a terapia adequada com o seu atendimento, mas que também possam se sentir à vontade para explorar, aprender e se desenvolver. Além disso, o Instituto conta atualmente com 78 profissionais, os quais compõem nosso time multiprofissional, sendo eles: psicólogos, neuropsicólogos, fonoaudiólogos, fisioterapeutas, terapeutas ocupacionais, psicopedagogos, assistentes terapêuticos e supervisores, que trabalham juntos para oferecer um atendimento integrado e eficaz.

O cuidado e a dedicação do nosso time são reforçados por uma formação continuada mensal, garantindo que estejamos sempre atualizados com as melhores práticas e inovações na área de desenvolvimento infantil. Oferecemos supervisão de terapia intensiva semanalmente, garantindo que cada intervenção seja monitorada de perto e ajustada conforme necessário para alcançar os melhores resultados.

Realizamos reuniões mensais de monitoramento e escuta, onde nosso time se reúne para discutir questões administrativas, compartilhar desafios e encontrar soluções conjuntas. Esse esforço colaborativo é fundamental para manter a qualidade do nosso atendimento e garantir que cada criança receba a atenção que merece.

Entendemos que o desenvolvimento infantil vai além das sessões de terapia, por isso, criamos um parquinho dentro do Instituto, onde as crianças podem se divertir durante os intervalos ou até mesmo como parte das terapias. Esse espaço lúdico também é uma extensão do nosso trabalho terapêutico, onde o brincar é parte essencial do aprendizado e do desenvolvimento social.

## As cinco etapas-chave para o sucesso do Instituto Potencialize

Hoje, o Instituto Potencialize é mais do que uma clínica, é um centro de excelência que impacta positivamente a vida de inúmeras famílias. Acreditamos que nosso trabalho vai além da prática terapêutica – é um compromisso com o futuro das crianças e com a construção de uma sociedade mais inclusiva e empática. Cada conquista, cada sorriso que vemos florescer, é uma confirmação de que estamos no caminho certo.

Olho para trás e vejo o quanto minha trajetória foi marcada por desafios, mas também por inúmeras conquistas. Minha jornada, desde aquela menina encantada por crianças até a fundadora de um centro de excelência, tem sido marcada por paixão, desafios e conquistas. Mas sei que ainda há muito a ser feito. Assim, desde os primeiros passos no mundo infantil até a criação do Instituto Potencialize, essa jornada revela etapas fundamentais que podem inspirar e guiar outros profissionais que desejam seguir um caminho semelhante no ramo do desenvolvimento infantil. Nesse sentido, identifiquei cinco etapas-chave para o sucesso do Instituto Potencialize, motivadas por essa trajetória.

1. **Paixão e propósito claros**: desde muito cedo, descobri minha paixão por trabalhar com crianças e sempre estive atenta a ela. Transformar essa paixão em um propósito de vida foi o que me impulsionou a criar um instituto dedicado a potencializar o desenvolvimento infantil. Encontrar e persistir no propósito são a base para qualquer empreendimento de sucesso.
2. **Aprimoramento contínuo**: a busca incessante por conhecimento, por meio de capacitações, especializações e formações continuadas, foi de suma importância para que eu pudesse oferecer o melhor atendimento possível às crianças. Manter-me atualizada e em constante evolução é essencial para liderar com excelência.
3. **Equipe multidisciplinar integrada**: o Instituto Potencialize não seria o que é sem seu time de profissionais altamente qualificados e alinhados com a missão, visão e valores do instituto. A colaboração entre diferentes áreas do conhecimento é o que permite um atendimento holístico e eficaz, garantindo que cada criança receba o cuidado que necessita.
4. **Ambiente acolhedor e inspirador**: desde a recepção até as salas de atendimento, o Instituto foi planejado para ser um espaço onde as crianças e suas famílias se sintam acolhidas e inspiradas. Criar um ambiente que promove conforto, segurança e desenvolvimento é uma das chaves para o sucesso.

5. **Inovação e flexibilidade**: é necessário ter criatividade e ter coragem para inovar, isso permite criar um espaço onde o desenvolvimento infantil vai além das terapias tradicionais, integrando brincadeiras e eventos temáticos que enriquecem a experiência das crianças. Ser flexível e inovador permite adaptar-se às necessidades dos pacientes e às mais atualizadas técnicas de trabalho.

## Referências

ROGERS, S. J.; DAWSON, G. *Intervenção precoce em crianças com autismo*: modelo Denver para a promoção da linguagem, da aprendizagem e da socialização. Lisboa: Lidel, 2014.

ROGERS, S. J.; DAWSON, G.; VISMARA, L. A. *Autismo*: compreender e agir em família. Trad. Ana Nereu Reis. Lisboa: Lidel, 2015.

# CAPÍTULO 17

## Vale a pena levantar da cama todos os dias

Por vezes não sabemos qual caminho seguir e, mesmo quando sabemos, não temos certeza se aquele caminho nos ofertará o que tanto idealizamos. Aqui, conto um pouco da minha jornada de forma sincera e aberta, que resultou em autoconhecimento para além de um trabalho alinhado aos meus valores.

Tiago Bueno Farias

## TIAGO BUENO FARIAS

Psicólogo pela Universidade Presbiteriana Mackenzie (UPM), especialista em Intervenção ABA para Autismo e Deficiência Intelectual no Child Behavior Institute of Miami (CBI). Formação avançada em Terapia de Aceitação e Compromisso pelo Instituto Brasiliense de Análise do Comportamento (Ibac) e em Terapia Comportamental Dialética pelo Instituto Par. Psicoterapeuta, supervisor, consultor em ABA em clínicas e escolas pelo Brasil, visando à difusão de conhecimento para profissionais e famílias de pessoas com transtorno do espectro autista.

**Contatos:** tifarias@gmail.com
11 96574 9607

Lembro vagamente que tudo começou quando era muito criança, por volta dos três anos de idade. Estava deitado no canto da cama, quando meu pai me perguntou por que não ia brincar com as outras crianças no bairro. Prontamente, respondi que não tinha amigos. Meu pai, tocado, me levou até uma pré-escola e me matriculou.

Parece uma atitude simples, mas a partir de então comecei a criar meus laços sociais naquele ambiente. Diferentemente do meu pai, que poderia ser descrito como uma pessoa muito sociável, eu era uma criança vista como "tímida", porém, com muita facilidade para aprender. Já nas primeiras interações com outras crianças, percebi que tinha uma certa dificuldade com os pares. Ainda assim, vejo como um período muito feliz da minha vida.

Posteriormente, naquela fase que podemos descrever como difícil (a bendita adolescência), minhas dificuldades ficaram mais evidentes. Nascido em 1993, faço parte daquela geração que pegou o desenvolvimento tecnológico e da internet em um momento em que tudo era muito novo. Pela internet, que tive o privilégio de acessar desde muito cedo, consegui formar novas relações e explorar aspectos importantes da minha personalidade, como a arte, a criatividade, e temas gerais do meu interesse. Posteriormente, com as redes sociais, em especial o Orkut, pude ir para o mundo off-line, onde conheci uma infinidade de pessoas com interesses em comum, a partir de encontros marcados na comunidade.

Inicialmente, apesar das muitas ferramentas e do privilégio de ter pais atentos e cuidadosos com minha socialização e educação, sempre me descrevi como uma pessoa solitária. Era uma criança reservada, na adolescência os desafios foram ainda maiores, mas tive inúmeras possibilidades para explorar e conhecer o mundo. Apesar de ser até hoje uma pessoa que valoriza muito a solitude (bem diferente da solidão), ao longo dos anos fui percebendo que havia barreiras extras e que esse estado de solidão sempre foi muito desafiador para mim.

No Ensino Médio, tive o prazer de fazer amizades que perduram até hoje. Pessoas maravilhosas que me ensinaram e me mostraram um mundo para além do que eu poderia imaginar. Optei, nesse período, por seguir o caminho da minha aptidão artística. O que a gente não sabe nessa fase é que um hobby ou uma habilidade não necessariamente se configura em uma experiência profissional que motiva a sair da cama todos os dias. Formei-me em design gráfico, porém ainda me via insatisfeito e não me percebia exercendo o trabalho como designer por muito tempo.

Passei por inúmeros empregos. No comércio, em *call centers*, fazendo trabalhos *freelancer* como designer, dentre outros. Entrei para uma faculdade de Arquitetura, ainda bem perdido. Porém, ainda não tinha encontrado aquele trabalho que me motivaria a me levantar da cama todos os dias e ter o prazer de contribuir com o mundo. Minha mãe, que na minha opinião sempre foi uma pessoa com uma visão pragmática em relação à vida, era a figura que me acalmava. Não havia motivo para ter pressa. Sendo assim, segui em um processo que eu diria ser de experimentação em relação à vida.

Se você que me lê espera uma trajetória marcada por um insight ou uma inspiração bastante relevante, sinto te decepcionar. Meu caminho para a Psicologia foi meramente um acidente. Decidi experimentar a área da Saúde, pois, por algum motivo, eu sabia que queria trabalhar com pessoas. Vale a pena levantar da cama todos os dias por pessoas. Então, apesar de prestar vestibular para uma infinidade de cursos (Direito,

Economia, Gestão de Políticas Públicas, dentre outros), optei por um que seria na minha cidade (São Paulo) e na qual consegui uma bolsa de estudos integral, em uma excelente universidade. Assim fiz. Tinha tempo e, segundo minha mãe, não tinha motivo para pressa. E, na Psicologia, me apaixonei não só pela profissão, mas também pela possibilidade de ser o humano que eu almejava ser.

O decorrer do curso, novamente, não teve insights. Precisei de horas complementares para minha formação, e dessa forma fiz uma série de cursos, dentre eles um em uma instituição que atendia exclusivamente crianças autistas. Lá, conheci a análise do comportamento na prática; vi uma possibilidade de trabalho real que ainda não havia visto na Psicologia para mim. Mas havia as crianças... Será que eu daria conta?

Ao final da formação, tive um desempenho bastante satisfatório e fui selecionado para estagiar na instituição. Entrei como estagiário, com um uniforme que eu achava assustador e uma bolsa-auxílio que me garantiria alguns cafés na Rua da Consolação. Mas estava empolgado como não me vi por muito tempo. Sentia uma identificação que nunca tive antes com aquele espaço e com aquelas pessoas. E lá aprendi uma infinidade de coisas, que refletem na minha prática profissional até hoje. De estagiário, passei para efetivo como psicólogo após me formar, e fui para outra unidade, agora em um hospital psiquiátrico, também com adolescentes. Minha satisfação só aumentou. Essa etapa da minha vida foi bastante marcante, dado que foi o espaço no qual testemunhei jovens dizerem suas primeiras palavras, comerem determinado alimento pela primeira vez, e onde vi a gratidão no olhar de famílias vulneráveis. Eu tinha motivos de sobra para me levantar da cama, colocar meu uniforme duvidoso todos os dias, mergulhar em textos e livros para fazer um excelente trabalho. Mas não só isso: havia também em mim um compromisso de ser a melhor pessoa que eu pudesse ser. Eu tinha um trabalho que eu amava, um papel social de que gostava, e ainda uma prática alinhada com meus valores.

Além do conforto da atuação que eu tinha, na intervenção ABA para crianças e adolescentes autistas, encontrei outra paixão e habilidade: ensinar. Vi-me com uma postura bastante professoral, e me empolgava em poder compartilhar com meus pares de trabalho tudo aquilo que eu lia, estudava e pesquisava no tempo em que atuava com os pacientes. Acredito que esse foi o diferencial que me garantiu a atuação posterior como supervisor clínico.

É difícil definir em algumas palavras o quanto aprendi com as crianças e adolescentes desde que iniciei a jornada na psicologia. Além de testemunhar episódios um tanto únicos, eu era diariamente desafiado, seja pela complexidade dos casos, seja pela riqueza na diversidade de todos aqueles que por ali passavam. Minha jornada naquela instituição se encerrou, mas guardo cada experiência única na minha memória e no meu coração até hoje.

Expandi minha atuação para consultorias, treinamentos, supervisões e atendimentos em outras clínicas. Conheci e participei de histórias únicas, de seres humanos únicos e com uma riqueza de potencialidades que exigiria uma série de livros para exprimir a delícia que foram os últimos anos. Mas é essencial voltar ao ponto inicial da minha história: a solidão. Os desafios das pessoas com o diagnóstico de transtorno do espectro autista (TEA) atravessam camadas sociais, físicas, cognitivas. Mas acredito que a principal, e a que gera maior angústia nos familiares, tem a ver com aquele meu medo de quando criança: estar só em um mundo tão vasto e tão exigente. Assim, meu compromisso como profissional de saúde e toda a minha dedicação voltaram-se em promover qualidade de vida suficiente para tais indivíduos que, sim, têm o direito a um ambiente social que os compreenda e respeite.

Meu trabalho e minha atuação nesses anos com crianças autistas possibilitaram trazer de volta minha criança interior, que brinca e que aprende. Aprendi muito e aprendo sempre com cada criança que tenho o prazer de atender, de forma direta ou indireta. Foi com elas e por meio delas que também me descobri neurodivergente, também no espectro autista e superdotado. Jamais terei como retribuir tamanho aprendizado. Dessa forma, optei por acordar, tomar um café, e todos os dias dedicar minha prática profissional para que, mesmo que tais seres humanos únicos se deparem com a solidão, não vejam nela uma sentença final. Luto, estudo e me desenvolvo para que mais e mais crianças e adolescentes autistas, amanhã adultos (assim como eu), encontrem uma comunidade que os acolha e os respeite. São seres humanos únicos. São histórias que valem a pena serem vividas, e deixo toda a minha gratidão a cada um deles, desde a confiança, até o desafio em me tornar um ser humano melhor.

A infância coloca desafios únicos. Crescer dói: doem os dentes, dói o tédio, dói o aprendizado constante e desafiador em se relacionar com esse mundo, cada vez mais diverso, mas também cada vez mais resistente ao que foge da norma. Trabalhar com crianças, porém, nos ensina que, apesar da dor, há muitas delícias. Ensina-nos a simplicidade, em que uma briga é resolvida em poucos minutos. Ensina-nos que aprender brincando é de uma riqueza ímpar, e torna a vida um tanto mais leve.

Sou eternamente grato por todas as famílias e indivíduos que passaram pela minha jornada profissional, assim como por todos aqueles que virão nos próximos anos. Os desafios do autismo, para mim e para tantos outros, colocam um motivador sobre o que somos e como estamos vivendo esta existência. Por que não passar por tal jornada da forma mais amorosa e inclusiva possível?

Não é uma profissão fácil e nem tudo no dia a dia nos oferta prazer. Mas optei, hoje, pelo compromisso de transmitir o privilégio e o prazer de atuar neste mundo. Estamos cada vez mais exaustos de um mundo tão desunido, tão solitário. Que cada vez mais aprendamos com as crianças que a vida vale a pena e que os desafios da vida nos motivem. Trata-se, principalmente, do caminho, mais que do destino.